I0832464

LA FILLE

DU

COMMISSAIRE,

OU

LES SUITES D'UN DUEL,

PAR RABAN.

TOME TROISIÈME.

PARIS.

TENON, LIBRAIRE-ÉDITEUR,

RUE HAUTEFEUILLE, N. 30.

1828.

LA FILLE

DU COMMISSAIRE,

OU

LES SUITES D'UN DUEL.

OUVRAGES DU MÊME AUTEUR.

	VOL.
Le comte Ory,	3
Le marquis de la Rapière,	1
M. Corbin,	2
Blaise l'éveillé,	3
L'Époux parisien,	3
Le Prisonnier,	3

NOTA. M. RABAN déclare qu'un roman ayant pour titre : *Les Jumeaux de Paris*, et publié sous son nom, n'est pas de lui.

IMPRIMERIE DE PLASSAN,
Rue de Vaugirard, n. 15.

LA FILLE DU COMMISSAIRE, OU LES SUITES D'UN DUEL,

PAR RABAN.

TOME TROISIÈME.

PARIS.

TENON, LIBRAIRE-ÉDITEUR,

RUE HAUTEFEUILLE, N. 30.

1828.

LA FILLE
DU COMMISSAIRE,

OU

LES SUITES D'UN DUEL.

CHAPITRE PREMIER.

Amour, amitié. — Visite au commissaire.

Après avoir lu le fatal billet, madame Georges, presque anéantie par le coup qui venait de la frapper, se retira promptement; elle ne voulait pas que l'ingrat, le parjure fût témoin de son désespoir. Des larmes brûlantes inondèrent son beau visage; aux roses de son teint succéda une pâleur mortelle ; et comme si elle eût voulu ajouter encore à sa douleur, elle répétait et pesait chacun des mots qu'elle venait de lire. Bientôt la douleur morale agit violemment sur le physique ; un tremblement subit agita tous les membres de la tendre veuve, ses yeux se voilèrent ; la plainte expira sur ses lèvres; elle s'évanouit. Julie, entendant des gémissemens dans la chambre de sa maîtresse, accourut aussitôt; elle soulève doucement madame Georges, penchée sur le bras d'un fauteuil, saisit promptement les flacons qui sont sur la cheminée, et, après quelques instans, la belle éplorée recouvre l'usage de ses sens.

— Ah! Julie, dit-elle en ouvrant les yeux, que ne me laissais-tu mourir!... la vie m'est désormais insupportable!...

— Au nom du ciel, ma chère maîtresse, calmez-vous... Ce matin encore vous paraissiez si gaie, si heureuse... Il est impossible que vos chagrins ne soient pas bientôt dissipés : M. Delmar est tout-à-fait hors de danger... le médecin disait tout à l'heure qu'il ne l'avait pas encore vu aussi bien....

— Je t'en prie, Julie ne me parle pas de cela... tu tournes le poignard dans mon cœur...

— Quoi! vous êtes fâchée que M. Charles se porte mieux?...

— Ah! Julie, j'en mourrai!...

— Ma foi, ma chère maîtresse, ce serait bien mal prendre votre temps. Lorsque vous ignoriez ce qu'il était devenu, et pendant tout le temps qu'il était à l'extrémité, vous vous désoliez, et c'était bien naturel; mais aujourd'hui que vous êtes réunis, que...

— Plût au ciel que je ne l'eusse jamais revu!...

— Oh! pour le coup, je n'y comprends plus rien..... un charmant jeune homme, bon... aimable...

— Julie!...

— Et qui vous aime!...

— Julie, je vous défends...

— Il est capable d'en devenir fou.

— Je vous ordonne de vous taire !

— Pardon, madame, je n'avais pas l'intention de vous fâcher ; et, puisque vous le voulez, je ne parlerai plus de M. Charles.

— Vous ferez bien.

— Il est vrai que j'ai quelquefois remarqué ses grands yeux noirs...

— Le perfide !...

— Ses dents blanches...

— Me trahir ainsi !...

— Et son haleine si douce...

— Hein ?... Et comment avez-vous remarqué cela, mademoiselle ?

— Madame, c'est... je ne suis pas bien sûre que... mais il m'a semblé...

Tenez, madame, n'en parlons plus; cela vous fait mal.

— Non; je veux savoir...

— Ah! mon dieu, voici que vous recommencez à trembler....

— Vous avez dit...

— Eh! puis-je savoir ce que je dis quand je vous vois dans cet état ?

Madame Georges insista; mais Julie avait de bonnes raisons pour n'en pas dire davantage, et elle parvint enfin à éluder la question. Peu à peu la belle veuve se calma; et, après l'explosion inévitable en pareil cas, elle se sentit capable de sonder la blessure de son cœur. — Je l'aime, se dit-elle, je l'adore; mais puis-je me plaindre s'il ressent pour une autre ce que lui-même m'avait inspiré lorsque ma situation m'interdisait l'espoir de pouvoir un jour l'aimer sans crime... Il n'est plus mon amant; il ne peut-être mon mari : c'est une vérité cruelle, tâchons de l'adoucir; qu'il devienne mon ami... A vingt-six ans renoncer à l'amour!... Ah! Charles, quel charme tu détruis!.. quelles jouissances j'aurais goûtées en m'étudiant à te rendre heureux! avec quel plaisir j'aurais épié tes moindres désirs, et comme j'aurais été heureuse de parvenir, à force de tendresse, à écarter les nuages qui auraient tenté d'altérer la félicité que j'ai rêvée un instant!... Tu ne l'as pas voulu..... sois donc heureux sans moi! Je ne t'accuserai pas d'une faute involontaire : je sais trop qu'on ne commande point à son cœur; je ne te ferai point d'inutiles reproches..... non, je me contenterai désormais d'être ton amie, ta véritable amie; je veillerai sur toi, je sens que je puis encore être heureuse du bonheur que tu goûteras près d'une autre...

Malgré ces beaux raisonnemens, cette tendre générosité, madame Georges ne put se résoudre à revoir Charles ce jour-là; elle craignait de ne pouvoir dissimuler ses chagrins; et elle eût été au désespoir que son hôte vît tout ce qu'elle souffrait.

La situation morale de Charles était bien différente de celle de la belle veuve : aux rêves enchanteurs qu'il faisait, succéda un réveil délicieux; le billet de Céline était près de lui, il le relut, le baisa de nouveau, et il lui sembla qu'en une heure il venait de recouvrer la moitié de ses forces. Le jour baissait, Laurent était près du lit de son maître: le jeune homme, trop occupé d'abord pour remarquer l'absence de madame Georges, pensa enfin à sa belle marraine; il se rappela qu'elle était sortie après avoir entendu les indiscrétions de Laurent, et il trembla qu'elle n'eût deviné une partie de la vérité.

— Laurent, sais-tu où est madame Georges ?

— Je la crois chez elle, monsieur.

— Elle n'a pas l'habitude d'y passer la soirée, et je crains bien que ta maladresse ne lui ait fait deviner.....

— Vous craignez cela ?

— Sans doute.

— Eh bien, c'est une nouvelle preuve que vous avez raison quand vous dites que je n'entends rien à l'amour : à votre place, ce que vous craignez m'enchanterait ; car enfin il faut bien qu'elle sache que ce n'est pas elle qui...

— Et pourquoi le faut-il?

— Mais puisque vous ne l'aimez plus...

— Qui te l'a dit?

— Ah! ma foi! c'est aussi par trop fort... quoi! vous raffolez de mademoiselle Céline, vous vous mettez en quatre pour empêcher qu'elle devienne la femme d'un grand personnage, vous lui avez juré vingt fois de l'épouser...

— Tout cela prouve-t-il qu'il faille le plus tôt possible affliger ma tendre marraine?

— Je ne dis pas cela; mais il faudra pourtant qu'elle le sache...

— Eh parbleu! sans doute il le faudra; mais pour faire de la peine aux gens, le plus tard possible est le moins mal... Ah! si ce n'était pour Céline!...

La soirée s'écoula, et madame Georges ne parut pas. Charles n'en fut pas fâché; il redoutait une explication, et puis il était si heureux de pouvoir s'occuper uniquement de la charmante fille du commissaire! Le lendemain, la belle marraine vint comme de coutume s'informer dela santé de son jeune hôte: Delmar crut remarquer une espèce de froideur à laquelle on ne l'avait pas accoutumé; on ne s'approcha du lit qu'à une distance respectueuse; plus de ces tendres regards, de ces serremens de main qui provoquaient des soupirs et souvent des baisers;

un langage toujours affectueux, mais un air réservé, et une mélancolie que rien ne semblait pouvoir dissiper. Tout cela parut fort extraordinaire à Charles, mais il n'en fut que médiocrement affligé; ce refroidissement lui semblait se manifester fort à propos et aplanir les difficultés qu'il redoutait.

Ces divers événemens, si peu importans en apparence, eurent une telle influence sur Delmar, que quatre jours après il était en pleine convalescence, et que le cinquième, le médecin, cédant à ses sollicitations, lui permit de pousser sa promenade jusqu'à la ville. Madame Georges entra chez lui au moment où il faisait les préparatifs de ce petit voyage.

Ah! ma belle marraine, s'écria-t-il, c'est maintenant que je puis vous témoigner toute ma reconnaissance!..

— Non, Charles, non, je ne suis plus votre marraine; oublions cet enfantillage; je ne suis plus... mais je veux toujours être votre amie; ce titre désormais me suffira, il me tiendra lieu de tous les autres; et, pour commencer à le mériter, je vous rends votre parole, et vous dégage de vos sermens.

En prononçant ces dernières paroles, madame Georges ne put retenir les larmes qui la suffoquaient.

Delmar resta un moment immobile de surprise; puis, se jetant aux pieds de la belle veuve : — Ah ! ma tendre amie, s'écria-t-il, combien je suis coupable !

— Non, Charles, vous n'êtes point coupable; on ne commande pas à son cœur, mon ami; c'est une vérité dont j'ai fait la terrible expérience. Nous ne pouvions être toujours amans; mariés, peut-être un jour m'eussiez-vous haïe ; amis, j'ai la douce certitude de vous être toujours chère.

Tandis qu'elle parlait, Charles, qui s'était relevé, avait arrondi l'un de ses bras sur la taille voluptueuse de la généreuse veuve, et ses lèvres brûlantes essayaient de sécher les larmes qui s'échappaient de ses beaux yeux. Madame Georges s'aperçut alors que de l'amour à l'amitié la distance était plus grande qu'elle ne l'avait pensé, et elle sentit qu'elle n'avait encore fait que bien peu de chemin. Après quelques instans, elle se dégagea des bras du jeune homme : Charles, lui dit-elle, vous oubliez avec quelle impatience on attend à Arras votre première visite.... Ce n'est pas un reproche que je vous fais, mon ami; je veux, au contraire, être votre confidente, et vous aider autant que je le pourrai à atteindre au but de vos désirs. J'exige aussi que jusqu'à ce que cette grande affaire soit terminée vous habitiez chez moi, et que vous ne cessiez jamais de me considérer comme votre meilleure amie.

Charles était si ému, qu'il ne pouvait répondre; il s'accusait d'ingratitude, et maudissait sa destinée; mais, madame Georges s'étant retirée, l'image de Céline le consola promptement, et, prenant aussitôt le chemin de la ville, il ne tarda pas à arriver chez Comard. Ce brave homme pleura de joie en revoyant le parrain de sa fille: —Ah, mon cher compère! s'écria-t-il; si j'avais su que c'était pour vous faire tuer que vous étiez venu en poste, je vous jure, foi de Comard, que vous ne seriez pas sorti d'ici.... Mais qui diable pouvait s'imaginer que cela vous pressait si fort? Et cependant, je me doutais de quelque chose: vous n'étiez pas dans votre assiette ordinaire; et vous n'aviez pas fait vingt pas hors de l'hôtel, que je disais à ma femme: Le compère a quelque chose qui l'occupe furieusement, car je lui ai parlé de madame Georges, et il m'a à peine répondu.... Mais enfin le mal est passé, et le bien reste: vous n'êtes plus malade, et nous avons retrouvé la commère... Dieu! quelle honnête femme!.... Aller s'enterrer toute vive pour pleurer son mari... Ce pauvre cousin Georges, avec ses soixante ans, ne se doutait guère qu'on l'aimait à ce point-là....

Ici Comard s'interrompit pour donner des ordres : il recommanda que l'on eût le plus grand soin du cheval du compère, et il déclara qu'il s'occuperait en personne de la confection du déjeuner. Mais Charles était trop impatient de se rendre près de Céline, pour consentir à passer à table des momens si précieux.

— Je vous rends grâce, mon cher Comard ; il faut que je sorte à l'instant.

— Qu'est ce que cela signifie, compère ? Croyez-vous que je souffrirai.... Non, foi d'artiste, je ne le souffrirai pas, et je vous déclare que cette fois je n'y serai pas pris... Vous ne vous battrez pas, M. Charles, c'est moi qui vous le dis...

A ces mots, Comard disparut.

Quelques instans après, Charles, voulant éviter des explications qui lui eussent fait perdre du temps, se dirigea vers la porte; mais il la trouva exactement fermée: un marmiton, la broche sur l'épaule, faisait faction; et comme notre héros se disposait à forcer la consigne, la sentinelle en bonnet de coton fit quelques pas vers la cuisine pour demander du renfort. Aussitôt Comard et le reste de ses gens accoururent; mais Charles venait de sauter par la fenêtre; et il s'empressa de se rendre chez le père de Céline.

— Monsieur, lui dit-il, je m'appelle Delmar.

— Monsieur, j'en suis bien aise; mais je n'ai pas l'honneur de vous... Attendez donc.... Il me semble pourtant....

— J'ai vingt mille francs de rente.

— C'est bien heureux pour vous.

— Et j'appartiens à une famille très-honorable.

— Parbleu! cela va sans dire: vingt mille francs de rente!....

— Je ne vous parle point de mes qualités....

— On n'en manque jamais avec vingt:...

— Quant à mes défauts....

— Des défauts!... impossible!...

— Enfin, monsieur, j'aime votre fille, j'ai le bonheur d'en être aimé, et je vous supplie de m'accorder sa main.

— Maintenant, je commence à comprendre.

— Je sais, monsieur, que vous avez donné votre parole à un autre ; mais je sais aussi que, si ce mariage se fait, votre fille en mourra.

— Monsieur, il n'y a pas d'exemple qu'une fille soit morte de cela. Cependant il n'est pas absolument impossible que les choses tournent comme vous le désirez.... Vous dites *vingt mille*....

— Mon patrimoine est estimé quatre cent mille francs. Mon homme d'affaires est chargé d'en faire la vente, et d'en placer le produit jusqu'à ce que j'aie avisé aux moyens de faire valoir ces capitaux de la manière la plus avantageuse.

— Cela étant, monsieur, je ne vous demande que vingt-quatre heures pour réfléchir.

Charles était bien loin de s'attendre à un accueil aussi fâvorable ; dans l'excès de sa joie, il serra les mains de M. Rudomont, lui jura qu'il s'estimerait le plus heureux des hommes s'il lui était permis de l'appeler son père, et il demanda qu'avant de se retirer il lui fût permis de saluer la charmante Céline, faveur que le papa accorda sans difficulté.

Il serait difficile de peindre la surprise de la jeune fille, lorsque son père lui présenta Charles : elle crut rêver ; une rougeur subite couvrit ses joues, et à peine put-elle répondre aux complimens que lui fit Delmar. Ce dernier brûlait du désir de presser sur son cœur l'aimable enfant qui l'occupait tout entier ; avec quelles délices il eut couvert de baisers ses lèvres de rose, auxquelles le plaisir permettait à peine de balbutier quelques mots !... Malheureusement le papa ne paraissait pas disposé à se retirer le premier, et il fallut se contenter de petits soupirs et de tendres regards, monnaie courante dont les amans ne manquent jamais. On se quitta donc sans avoir pu goûter les charmes d'un doux tête à tête; mais ce que l'on s'était dit avait suffi pour faire naître l'espérance d'un avenir délicieux, et, en pareil cas, espérer c'est déjà jouir.

De retour à l'hôtel de France, Charles en trouva tous les habitans en émoi. Comard jurait que, s'il arrivait malheur à son compère, il assommerait l'imbécille marmiton qui avait déserté son poste; en vain madame Comard essayait-elle de lui faire comprendre que dix marmitons assommés ne changeraient pas les choses, le pâtissier n'entendait rien, et il ne fallut pas moins que le retour du jeune homme et la satisfaction qui était peinte sur son visage, pour le désarmer tout-à-fait.

—Maintenant , dit-il, je commence à croire que je me suis trompé, et qu'il ne s'agissait que d'une affaire pacifique.

— Comme vous dites, M. Comard; et cette affaire-là est un peu de votre compétence, car il s'agit de mariage.

—De mariage!... Tenez, compère, ne me parlez pas de cela: je voudrais que le diable eût emporté tous les fiancés! J'ai déjà commencé quatre fois le repas de noces de M. le comte Dublaisot; il est cause que j'ai manqué six charlottes et deux tourtes... Moi, Comard, rater une charlotte!.. Dieu sait maintenant quand ce repas se fera!

— Je crois, mon cher Comard, qu'il se fera bientôt.

— L'affaire est donc arrangée ? Mademoiselle Céline consent donc ?

— Oui, avec un petit amendement.

— Avec un....

— C'est-à-dire que Céline se mariera, et que le comte restera garçon.

— Qu'est-ce que vous dites donc là, compère ?... puisque la petite se marie, il faut bien qu'elle épouse quelqu'un.

— Sans doute, et ce quelqu'un-là c'est moi.

— Vous épousez mademoiselle Céline ?... eh bien, compère, je vous en fais mon compliment, car il paraît que ça n'est pas une chose facile du tout; il y a six mois que M. le comte y travaille....

— Heim?...

— Je dis que depuis six mois, M. Dublaisot fait le joli cœur pour en venir là, tandis que du premier coup... Ça vous fait joliment honneur tout d'même! car malgré les cancans.... M. Charles, comptez sur moi, je vous garantis que les charlottes ne seront pas manquées ce jour-là, et quant aux tourtes, j'en réponds sur ma tête. Cependant je ne veux rien faire d'avance, j'ai dans l'idée que ça porte malheur.

Malgré tout le plaisir que goûtait notre héros à s'entretenir de sa félicité future, il s'aperçut bientôt que ses forces étaient encore loin de répondre à ses vœux ; et, de peur qu'une plus longue absence n'alarmât madame Georges, il rompit la conversation avec Comard, qui, cette fois pourtant, ne l'ennuyait pas, et il reprit gaiement le chemin de l'ermitage, que, depuis quelques jours, la charmante veuve avait de nouveau pris la résolution de ne plus quitter.

CHAPITRE II.

Noblesse et roture. — Ce n'est pas fait.

Le papa Rudomont avait une bonne raison pour ne pas rejeter tout d'abord la proposition de Charles. Le comte, malgré ses promesses réitérées, reculait sans cesse : à peine sortait-il bien endoctriné de chez l'adroit commissaire, que des plaisanteries sur son prochain mariage venaient de nouveau lui mettre la cervelle à l'envers, de sorte que cette alliance si désirée par le futur beau-père était bien loin d'être assurée. Ce n'était pas sans chagrin que le commissaire voyait lui échapper l'honneur d'être allié à un gentilhomme en faveur; il aurait fait de grands sacrifices pour qu'il lui fût permis de dire; *mon gendre, l'officier des haras*, et il lui eût été bien doux d'entendre appeler sa fille *madame la comtesse.* Mais le bon homme, malgré la dose d'ambition qui le travaillait, était persuadé qu'un *tiens* vaut mieux que deux *tu l'auras;* et puis les vingt mille francs de rente étaient d'un grand poids dans la balance. Après avoir, pendant la soirée et la journée du lendemain, pesé ces diverses considérations, il résolut de rompre avec l'illustre Dublaisot ; et à peine avait-il pris cette détermination, que le comte se présenta : son visage était rayonnant. — Eh bien, beau-père, s'écria-il en entrant, avez-vous lu mon article ?

— De quel article parlez-vous ?

— Parbleu de l'article en question... de l'article qui annonce mon mariage... Ah! c'est que c'est tapé, papa Rudomont! écoutez un peu : » Une nouvelle de la plus haute impor-» tance.. Vous entendez beau-père ?.. » *de la plus haute importance* cir-» cule depuis quelques jours dans » les salons du département... ». Remarquez, s'il vous plaît, que cela est en toutes lettres et en beaux caractères... « On assure que M. le comte » Dublaisot... » Et c'est le journal de la préfecture... mais, beau-père, il me semble que vous ne m'écoutez pas... savez-vous bien que j'ai sué sang et eau pour faire cela?

— Vous avez eu tort.

— Comment, vous ne croyez pas que cet article...

— Je pense qu'il faut le rayer de vos tablettes.

— Beau-père, ne plaisantons pas, s'il vous plaît... quatre vingt-dix lignes à un franc cinquante...

— Cela ne me regarde pas.

— Un franc cinquante, sans remise...

— J'en suis fâché pour vous.

— Il est impossible que vous parliez sérieusement.

— Très-sérieusement, je vous assure : ce n'est pas ma faute, monsieur le comte, c'est à vous-même qu'il faut vous en prendre. Céline s'est offensée de vos éternels délais, et je suis chargé de vous signifier son arrêt.

— Allons donc! une fille qui m'adore!

— Il paraît qu'elle ne vous adore plus.

— Bah! cela reviendra; il faut lui représenter qu'un homme comme moi... et puis la fille d'un fonctionnaire public...

— Je vous dis, monsieur le comte, que c'est une affaire rompue : il faut en prendre votre parti.

— Oui-dà! monsieur Rudomont... après tout ce que j'ai fait : les voyages en poste, les indemnités à Comard, le pour-boire aux tambours, et un article de deux colonnes que j'ai payé...

— Vous avez bien fait.

— Oui, monsieur, que j'ai payé au poids de l'or... Monsieur Rudomont il y a quelque chose là-dessous... vous avez prêté l'oreille... je gagerais que le comité directeur a passé par là!

— Par mon oreille?

— Monsieur le commissaire! je sais ce qui me reste à faire!

— Je crois que c'est de rester garçon.

L'officier des haras ne put ajouter un mot; il était devenu furieux. Jamais il ne s'était senti tant d'amour pour Céline qu'au moment où on le congédiait, et il sortit en jurant qu'il aurait raison de l'outrage qu'on lui faisait. Il n'était qu'à quelques pas de la maison lorsqu'il rencontra Charles, qui venait chercher la réponse définitive du papa Rudomont. Malgré la colère qui l'agitait, ou peut-être même à cause de cela, le comte reconnut sur-le-champ l'audacieux qui, quelques mois auparavant, lui avait fait faire la culbute dans le salon du commissaire. Il lui fut alors très-facile de deviner la vérité : il était clair que le père de Céline n'avait rompu que pour favoriser un rival probablement aussi riche et plus pressé.

— C'est donc vous, monsieur, s'écria le noble personnage, qui vous avisez de chasser sur les terres d'un gentilhomme ?...

— Monsieur, parlez moins haut, s'il vous plaît.

— Qui osez vous attaquer à un officier des haras?...

— Monsieur je suis prêt à...

— Qui osez damer le pion...

— Monsieur, je n'ai rien damé du tout.

— Pardonnez-moi, monsieur, vous avez damé...

— Point d'équivoque, je vous prie.

— Qu'appelez-vous équivoque ! apprenez qu'il ne peut y avoir d'équivoque dans la conduite ou les discours de l'unique rejeton des Dublaisot !

— J'en suis charmé pour vous.

— Et moi, monsieur, je suis furieux.

— C'est le tort que vous avez.

— Eh bien, monsieur, il me plaît d'avoir ce tort-là !.. Savez-vous bien que j'ai le bras long?..

— Nous en prendrons mesure quand vous voudrez.

— Oui, monsieur, j'ai le bras long; et si vous en doutez, vous n'avez qu'à lire le journal de la préfecture : vous y verrez que sous Childebrand... il n'y a pas là de quoi rire... sous Childebrand, il y avait à la cour un Dublaisot; que l'unique descendant de cette noble race a résolu de donner son nom à une femme charmante, et que cette mortelle privilégiée n'est autre que mademoiselle Céline de Rudomont.

Charles était trop pressé de se rendre près de sa jeune amie pour en écouter davantage : il se contenta de hausser les épaules, et tourna le dos au noble comte, dont la fureur se calmait sensiblement, malgré les efforts qu'il faisait pour se donner l'air redoutable.

— Monsieur, dit le commissaire à Delmar après les complimens d'usage, j'ai murement réfléchi; j'ai pesé toutes les considérations, les charges et les avantages : d'un côté un titre, une belle place; de l'autre, vingt mille... je crois que vous avez dit vingt mille francs de rente ?...

— Oui, monsieur.

— De l'autre, dis-je, de la fortune, de la jeunesse, des protecteurs... Avez-vous des protecteurs ?

Je n'en ai jamais cherché.

— C'est le tort que vous avez eu... mais nous en trouverons. Ainsi donc des protecteurs, et l'envie de faire son chemin..., Car je pense qu'à votre âge, vous avez envie d'arriver à quelque chose, et d'obtenir....

— La main de Céline, oui, monsieur, c'est là ce que je désire avec ardeur.

— Bon ; j'entends bien.... Vous aimerez votre femme ; mais cela n'empêche pas que l'on songe un peu à la fortune ; cette beauté-là vaut bien la peine qu'on lui fasse quelques avances.

— Je suis disposé à faire tout ce qui pourra vous plaire.

— Alors, monsieur Delmar, je

ne vois pas qu'il soit possible de vous refuser quelque chose : touchez-là, et vous êtes mon gendre.

Ces paroles du papa commissaire firent une telle impression sur Charles, qu'il faillit en perdre la tête ; ne pouvant parler, il sauta au cou de M. Rudomont, et l'embrassa avec tant d'effusion, que le bon homme pensa en être suffoqué. Ce fut bien autre chose lorsque Céline parut : ce n'est pas à ses genoux qu'il se jette, c'est dans ses bras ; il la presse sur son cœur, lui prodigue les noms les plus tendres, et peut-être que sans la présence du papa...

— Permettez, mon gendre, permettez... Quel diable, parce qu'on aime les gens, ce n'est pas une raison pour les étouffer.... et puis il manque encore une petite formalité.... Après le sacrement, je ne dis pas... mais jusque-là... Corbleu! mademoiselle, il ne suffit pas de rougir.... Le jeune homme est vif, et vous êtes d'une nonchalence... On rompt, mademoiselle, entendez-vous... on rompt toujours..... avant le sacrement.... c'est ce qu'une fille bien élevée ne doit jamais oublier.... Et tenez, votre mère, à qui Dieu fasse paix, aurait rompu dix semelles plutôt que de souffrir.... *Après*, c'est différent, c'est entièrement différent.

Ces paroles étaient peu propres à

faire cesser la rougeur de la jolie Céline, qui, les yeux baissés, fit quelques pas en arrière sans répondre un seul mot.

— Pardon, beau-père, s'écria Charles; mais la joie me rend fou: le mal, d'ailleurs, n'est pas grand; c'est un emprunt que je fais *avant*, et dont, *après*, je promets de m'acquitter: j'espère, mon cher beau-père, que l'échéance est prochaine?

— Puisque tout est convenu, je pense que le plus tôt sera le mieux.

— Que ce soit donc tout de suite.

— Et les formalités? jeune homme! Il nous faut au moins huit jours.

Huit jours! ce sont huit siècles pour un amant comme Charles. Cependant comme les amans, quelque ingénieux qu'ils soient, n'ont pas encore rayé le mot *impossible* de leur vocabulaire, il fallut prendre son parti. Le papa Rudomont promit de mettre tout le zèle imaginable; il permit en outre au gendre futur de multiplier ses visites autant qu'il le voudrait, et notre amoureux convalescent se retira aussi joyeux que peut l'être un homme qu'un délai de huit jours sépare du bonheur suprême.

—Mon cher Comard, dit-il en arrivant à l'hôtel de France, vous pouvez charger vos fourneaux.

— Tout est donc conclu?

— Absolument.

— Le Contrat signé?

— Pas encore; mais....

— *Mais*, *mais*, compère, dès qu'il y a des *mais*, je ne charge rien.

— Je vous dis que nous sommes d'accord.

— D'accord, moyennant des *mais!*.

— Morbleu! écoutez-moi donc: le beau-père est enchanté....

— J'entends bien: le papa est enchanté, la jeune fille est enchantée; mais, malheureusement pour vous, il y a par le monde un comte Dublaisot qui n'est pas enchanté du tout, et je crains bien....

— Qui? cet imbécille?

— Doucement, compère: cet imbécille a les autorités dans sa manche.

— Que m'importe?

— Oh! je sais bien que vous ne faites pas grand cas de cela : les autorités!... qu'est-ce que c'est que cela pour un homme qui prend les gendarmes au collet! C'est dommage que l'on ne puisse se marier sans le secours des autorités! Or le maire est le cousin du comte ; l'adjoint est son beau-frère, et il n'a qu'un mot à dire à monseigneur l'archevêque, pour que tous les prêtres de son diocèse vous refusent leur ministère.

— Visions que tout cela!

— C'est possible; mais en attendant je ne mettrai pas les fers au feu.

— Je vous dis que votre comte n'est qu'un sot.

— Et moi, je réponds que ce sot-là est comte ; et c'est ce que vous ne voulez pas entendre. Tenez, compère, croyez-moi, biaisez avec cet homme-là.

— Je crois, mon cher Comard, qu'en allant droit j'en aurai meilleur marché. Au reste, soyez tranquille, le plus difficile est fait, et dans huit jours tout sera terminé ; c'est la volonté de la future, du beau-père et la mienne : il n'en fallait pas tant pour que l'affaire fût immanquable. Ainsi donc, faites vos dispositions, dressez vos batteries. Quant à moi, je cours faire part de mon bonheur, de ma joie, à votre belle cousine.

—Votre joie... madame Georges... Tenez, compère, vous avez beau dire, ce mariage n'est pas encore fait.

— Non ; mais il se fera.

— Et vous imaginez que madame Georges....

—Me servira de toutes ses forces.

— Eh bien ! foi d'artiste, je ne l'aurais pas deviné.

— Qu'y a-t-il donc là d'extraordinaire ?

—Qu'y a-t-il... Ah! il est bon là le compère !... La cousine aimait son mari, c'est vrai; la pauvre femme en raffolait, et elle l'a bien prouvé; mais on finit par se consoler de tout, et comme on ne vit pas avec les morts.... Enfin c'est clair, je m'entends, et je vous dis que ce n'est pas encore fait.

Charles devina aisément ce que Comard voulait dire : la prédiction du bon pâtissier l'inquiéta peu; grâce à la générosité de la jolie veuve, il n'avait rien à craindre de ce côté, et c'était de la meilleure foi du monde qu'il affirmait que madame Georges partagerait les transports de sa joie. Le pauvre garçon ne connaissait guère le cœur humain, et il y avait bien quelque chose à rabattre sur le compte qu'il faisait; mais un amoureux ne raisonne pas souvent, ce qui n'est pas un grand mal, et Charles, dans ce moment, était trop heureux pour avoir le sens commun.

CHAPITRE III.

Message. — Catastrophe.

Il ne s'en fallait que de quelques heures que les huit jours fussent expirés, et rien n'avait justifié les craintes de Comard : l'officier des haras s'était contenté de se venger sur ses administrés du mauvais tour que lui avait joué le commissaire. Charles était tout-à-fait rétabli, le contrat signé, toutes les formalités préliminaires étaient remplies, et l'incrédule compère de Delmar, forcé de se rendre à l'évidence, venait de mettre la main à la pâte.

Déjà l'aurore du jour si impatiemment attendu commence à briller; Charles est debout; il n'a pas dormi, et pourtant son teint est frais, son visage est rayonnant. A six heures sa toilette est terminée; il part sans voir madame Georges; il n'ose demander à lui parler : il craint de troubler son repos. Peut-être aussi a-t-il quelqu'autre crainte; car depuis plusieurs jours la jolie veuve paraît bien triste, et rien n'est contagieux comme la mélancolie d'une jolie femme. Laurent, enchanté du dénoûment qui se prépare, accompagne son jeune maître : — Maintenant, monsieur, lui dit-il, je suis tranquille, et je vous tiens pour un homme sage, car on assure que rien ne rend raisonnable comme le mariage; et, ma foi, à moins que le diable ne s'en mêle, il est impossible que vous ne goûtiez le remède aujourd'hui.

— Oui, mon vieux Laurent, aujourd'hui même, dans quelques heures, je serai l'homme le plus heureux. Mon Dieu! comme le soleil monte lentement sur l'horizon!.. ne trouves-tu pas?..

— Mais, monsieur, il n'est pas sept heures, et nous sommes en octobre.

— Sept heures! et ce n'est qu'à midi!...

— Oui, monsieur, à midi, et ce n'est que demain...

— Qu'est-ce à dire, demain?

— C'est-à-dire que demain nous saurons des nouvelles du spécifique.

— Eh! que le diable t'emporte! tu m'as fait une peur!...

— Tant mieux, monsieur; c'est une preuve que vous avez envie de guérir.

En parlant ainsi, nos personnages avançaient au grand trot de deux superbes chevaux que madame Georges avait donnés à Charles pour présent de noces; car elle voulait paraître enchantée d'un événement qui l'accablait de chagrin. Mais tous ses efforts, ses raisonnemens, ne pouvaient lui rendre la tranquillité, le bonheur qu'elle avait vu de si près pendant quelques jours, et que maintenant elle ne pouvait plus même espérer : l'heureux Delmar touchait au moment de voir tous ses vœux accomplis, et, par une fatalité déplorable, ce qui l'enivrait de joie, frappait d'un coup mortel le cœur de sa plus tendre amie.

Comme son jeune hôte, la sensible veuve avait passé la nuit sans que le sommeil eût un instant fermé ses paupières, comme lui elle s'était levée dès l'aurore; mais dans le même instant il souriait, et elle versait des larmes; il soupirait de plaisir, et elle était en proie aux angoisses du désespoir...

Eh bien, mon cher Comard, s'écria Charles en mettant pied à terre, êtes-vous enfin décidé à risquer les charlottes? croyez-vous maintenant que *cela se fera?* et ce noble comte qui a le bras si long vous fait-il encore peur !... Il serait drôle qu'il eût espéré nous prendre par famine !

— Doucement, doucement, compère!.. famine!... qu'est-ce que c'est que cela?.. famine... Apprenez, compère, que ce mot-là n'est pas français à l'hôtel de France... Famine... parler de cela ici... se servir de ces expressions-là devant moi, Comard... ex-agent diplomatique.

— Que diable dites-vous donc ?

— Oui, compère, agent diplomatique... quand on a passé trois ans dans les cuisines d'un ambassadeur, que l'on a mis dix fois la guerre à la sauce tomate, et la paix au plum-pudding... famine... Tenez, compère, je ne peux pas digérer ça.

— Allons, mon cher Comard, ne vous fâchez pas, je n'avais pas l'intention de vous offenser; je voulais seulement savoir si nous pouvions compter sur vous.

— Voilà du français que j'entends : oui, compère, et je me flatte que vous serez content... Ah çà, vous allez prendre un à compte ?

— Impossible.

— Un morceau sous le pouce ?...

— Je ne saurais.

— Cela vous donnera des forces.

— je n'en manque pas.

— A la bonne heure, je ne dis pas ; mais de ces choses-là on n'en n'a jamais trop, un jour de noces surtout.. Ah ! ah ! ah ! compère, j'ai passé par là... je vous parle par expérience...

Comard n'avait pas achevé sa phrase lorsque neuf heures sonnèrent. Charles s'élance hors de l'hôtel ; et tandis que Laurent, plus sensible à l'éloquence du pâtissier, prélude avec une aile de chapon au grand dîner qui se prépare, notre amoureux peste contre les convenances, au nom desquelles on l'empêche d'assister à la toilette de sa charmante fiancée.

— Calmez-vous, mon gendre, disait le papa Rudomont ; c'est aujourd'hui la dernière fois que vous aurez besoin de permission.

— Raison de plus pour qu'on me l'accorde.... Est-ce que tout n'est pas prêt ? J'ai vu à votre porte les voitures qui nous attendent, et vous m'avez présenté à une nuée de grands et petits parens, qui paraissent presque aussi pressés que moi.

— C'est pour cela que je vous engage à ne pas les quitter si tôt : à peine leur avez-vous adressé un mot.

— Moi! beau-père, c'est que.... Je vous avoue que cela m'ennuie.

— Belle raison!... comme si cela n'était pas dans l'ordre! Ne savez-vous pas, monsieur, que tout le monde doit s'amuser à une nôce, excepté le marié?.... Le marié doit être partout, parler à tout le monde, et n'avoir d'autre volonté que celle des grands parens: il doit se trouver heureux si on lui permet d'approcher de sa femme, et il faut qu'il paraisse content si on ne le lui permet pas.

— Par la raison?

— Qui vous parle de raison; il s'agit de l'usage, mon gendre.

— En ce cas, beau-père, l'usage est une sotte chose.

Malgré sa mauvaise humeur, Delmar se disposait à rentrer dans le salon, où tous les parens étaient rassemblés, lorsque Céline parut : elle s'approcha de son père, qui l'embrassa et attacha sur son front la couronne virginale. A cette vue, Charles, qui tout à l'heure parlait de raison, est sur le point de perdre le peu qu'il en a, et cette fois, sans en demander la permission, et au risque de compromettre la toilette de la jolie future, il la prend dans ses bras, la presse sur son cœur, et dépose sur ce charmant visage, que couvre une légère rougeur, des baisers qui n'ont rien de paternel.

— Que diable ! s'écria le commissaire presque fâché, ne sauriez-vous attendre à demain?... Et vous, mademoiselle, qui souffrez de la meilleure grâce du monde... Parbleu! je vous conseille de rougir... Tenez, mon gendre, voyez de quoi vous êtes cause: la couronne est tout de travers....

En effet, la coiffure de Céline avait un peu souffert de la liberté grande qu'avait prise le jeune homme, en dépit de l'usage. Mais le papa, malgré l'envie de quereller qu'il se sentait, fut forcé de remettre à une autre fois la suite de la mercuriale qu'il venait de commencer, car l'officier civil attendait, et le vénérable ecclésiastique qui devait mettre la main au bonheur des deux amans, avait prévenu qu'il serait à l'autel à midi précis.

Tout est prêt; les cavaliers présentent la main aux dames, et déjà plusieurs couples ont quitté le salon, lorsque Laurent arrive tout essoufflé: — Monsieur, dit-il à son maître, voici une lettre pour vous.

— Nous verrons cela plus tard.

— Elle vient de Paris, monsieur.

— C'est bien, te dis-je.

— C'est peut-être de votre homme d'affaires.

— Que m'importe?

— Mais, monsieur...

— Va au diable!...

— Si elle vous annonçait...

— Quoi?

— Ah quoi! voilà ce que vous saurez quand vous l'aurez lue ; mais il ne serait pas impossible qu'il s'agît de l'arrivée de quelque personne invitée.

— Ce garçon a raison, dit le beau-père ; eh! que font cinq minutes de plus ou de moins?

Delmar, pour en finir, se hâta de briser le cachet, et il se retira près d'une fenêtre ; mais à peine a-t-il parcouru les premières lignes de cette lettre, que son visage change de couleur, un mouvement convulsif l'agite.

— Qu'avez-vous donc, mon gendre? vous trouvez-vous mal?

— En effet, je ne me sens pas bien... Il est indispensable que j'aie avec vous un moment d'entretien.

—Quoi! maintenant?.. Vous étiez tout à l'heure si pressé!

— Cela est vrai; mais il faut absolument que vous sachiez...

— Voyons donc.

Tandis que les amis et les parens font charitablement des conjectures à perte de vue sur cette lettre qui vient de produire un effet si singulier, le commissaire conduit Charles dans son cabinet.

—Monsieur, dit Delmar, d'une voix émue, j'aurais pu me taire et ne vous communiquer cette lettre que lorsque tout eût été consommé:

j'adore votre fille; mais il est une chose que je ne puis sacrifier à mon amour, c'est l'honneur.

Aux premiers mots de cet exorde, M. Rudomont était resté immobile de surprise; à peine eut-il la force de prendre cette malencontreuse épître que lui présentait le jeune homme, et qui était ainsi conçue:

« Monsieur

« C'est avec la plus profonde « douleur que je vous annonce la « faillite simultanée des deux ban- « quiers chez lesquels j'avais, d'après « vos ordres, placé les capitaux « provenant de la vente de vos biens. « Je ne puis vous donner aucun

« détail sur ce déplorable événe-
« ment, que rien ne pouvait me faire
« prévoir, et sans doute tout n'est
« pas perdu; mais il faudra du
« temps pour rassembler les débris
« de ce grand désastre, et votre
« prompt retour à Paris me paraît
« indispensable.

« Recevez, etc. »

— Maintenant, monsieur, vous pouvez prononcer sur mon sort.

— Prononcer... c'est-à-dire.... Je suis anéanti!.... quatre cent mille francs!.... les scélérats!.... les infâmes!... Ah! s'ils tombaient sous ma main!...

— Eh! messieurs, cria une grande

tante de la fiancée, en frappant à la porte du cabinet ; y pensez-vous !. onze heures ont sonné, et vous jasez comme pies : croyez-vous que M. le curé nous attendra jusqu'au soir? et....

—Vraiment ! il s'agit bien de cela, dit M. Rudomont en ouvrant la porte.

—Eh! de quoi s'agit-il donc?... Jesus Maria !..... vous êtes blanc comme un mort... Qu'est-ce que cela veut dire ?

— Cela veut dire que je suis assassiné !

— Assas....

— Oui, oui !... égorgé, trahi...

— Mais, mon neveu, le mariage...

— Eh ! ma chère tante, le mariage est au diable !

— J'espère au moins, monsieur, dit Charles, que vous rendez justice à ma délicatesse, à ma probité ?....

— Oui, oui, jeune homme ; de la probité, de la délicatesse, vous en avez, de reste ; c'est une monnaie dont les fripons ne sont pas friands, et que les faillites des banquiers ne vous enlèveront pas.... Mais quatre cent mille francs, bon dieu !...

Charles comprit bien qu'il n'avait rien à espérer ; il apppela Laurent, lui ordonna de le suivre, et, le désespoir dans l'âme, il sortit de cette maison sans oser dire un dernier adieu à la tendre Céline, qu'il n'avait pas même l'espérance de revoir.

— Quoi donc! compère, s'écria Comard en apercevant le jeune homme; en sommes-nous déjà...? Parbleu! je vous en félicite; mais il ne faut pas croire qu'un dîner à trois services, pour quarante personnes, s'improvise comme une déclaration d'amour; un mariage est plus tôt fait qu'une tête en tortue... C'est besogne facile que dire *oui*. Mais qu'avez-vous donc, compère? on dirait que vous êtes fâché du marché?....

— Mon cher Comard, je suis l'homme le plus malheureux du monde... A combien doit monter la carte du dîner?...

— Qu'est-ce que ces façons-là, compère?... depuis quand paie-t-on ce qu'on n'a pas mangé encore?... Mon dîner n'est pas prêt, c'est vrai; mais je ne suis pas en retard : j'ai plus de quatre heures devant moi; les travaux sont en pleine activité, et vous avez tort de me chanter une gamme sur ce ton-là, quand je me mets en quatre pour l'harmonie du service...

— Ce ne sont point des reproches que je vous fais : dans vingt minutes je serai loin de cette ville, où probablement je ne reviendrai jamais, et je veux vous payer avant de partir.

Le pâtissier ouvrit de grands yeux,

et, s'approchant de Laurent, il lui dit à demi-voix : — Hein ! qu'a-t-il donc le compère ?.. Est-ce que la tête déménage ?

— Je ne sais ce qui est arrivé, répondit le vieux serviteur ; mais je soupçonne un grand malheur.

— Et tes soupçons sont fondés, Laurent, reprit Charles : cette lettre que tu m'as apportée m'annonce que je suis ruiné, et la rupture de mon mariage est la suite de cet événement.

— Ruiné !, s'écria Comard.

— Absolument. Je ne sais aucun détail, sinon que les banquiers qui étaient dépositaires de ma fortune ont déposé leur bilan le même jour :

je vais à Paris pour sonder la plaie, que j'ai lieu de regarder comme incurable.

— Et c'est parce que vous perdez en même temps votre fortune et votre femme que vous voulez absolument me compter de l'argent que vous ne me devez point... Non, compère, ne comptez pas là-dessus : le feu pétille, la broche tourne, les grandes manœuvres sont commencées ; mais si le malheur vous fait la guerre, il ne sera pas dit que vous en aurez payé tous les frais.

Charles insista, mais Comard tint ferme : de même que, jusqu'au dernier moment, il n'avait pas regardé ce mariage comme certain, il prétendit que, malgré les apparences, il pouvait se faire encore, et protesta qu'il ne consentirait à être payé que dans ce dernier cas.

En sortant de l'hôtel de France, Charles se dirigea vers la maison de campagne de son amie. Il arrive, et, malgré la situation d'esprit où il se trouve, il remarque la tristesse qui semble régner en ce lieu. La femme de chambre est la première personne qu'il rencontre : — Julie, dites à madame Georges que je désire lui parler.

Ah! monsieur! je vous en prie, épargnez ma pauvre maîtresse; ne lui parlez pas de votre joie... vous la feriez mourir!...

— De ma joie, Julie! vous parlez de joie, et je suis au désespoir.

— Vous, monsieur?... Eh bien! je ne sais trop pourquoi; mais il me semble que madame n'en sera pas fâchée..... Est-ce que votre mariage...

— Il n'y faut plus penser.

— Vraiment?... Ah! monsieur, quel bonheur!... ma pauvre maîtresse! elle est capable d'en mourir de joie!... Elle avait l'air de vous approuver; mais si vous saviez combien de fois elle s'est enfermée pour pleurer... Je puis bien vous le dire à présent, puisque vous ne vous mariez pas : depuis ce matin elle fond en larmes; je n'ai encore pu la décider à prendre quelque chose : votre nom est le seul mot intelligible que je lui aie entendu prononcer; et puis des soupirs !.. rien que d'y penser, cela me fend le cœur!.. Vous allez la consoler, n'est-ce pas?

— Je vais lui dire adieu.

— Adieu! Est-ce que vous partez?

— A l'instant même.

— Et vous reviendrez...?

— Peut-être jamais.

— Ah! mon dieu! en voici bien d'une autre maintenant!...

— Avertissez madame Georges, je vous en prie.

Ce ne fut pas sans peine que la tendre veuve consentit à recevoir son jeune ami : elle avait tant pleuré, qu'il était impossible que Charles n'aperçût pas les traces de ses larmes. Mais ce retour imprévu, ce départ précipité qu'annonçait Delmar ; ce mariage rompu à l'instant même où il devait se conclure; l'intérêt, la curiosité qu'inspirait tout cela l'emporta sur l'amour-propre, et Charles fut introduit.

L'entretien fut court, et les adieux furent pénibles : la nouvelle de la rupture du mariage avait fait pénétrer un rayon d'espérance dans le cœur de la belle veuve, et elle eût bien voulu retenir près d'elle l'objet de son amour et de ses chagrins; mais Charles parla de la nécessité où il était de se rendre promptement à Paris : ses raisons étaient malheureusement trop bonnes pour qu'il fût possible de les combattre avec succès; et le soir même il partit, accompagné du vieux et fidèle Laurent.

CHAPITRE IV.

Nouveaux projets. — Changement de vie.

Le commissaire ne pouvait revenir de l'espèce de stupeur où l'avait jeté l'événement que nous venons de rapporter; dans l'excès de son affliction, il se frappait le front de ses deux mains; et le nuage de poudre qui s'échappait de sa perruque venait couvrir la robe de soie de la grande tante, qui ne concevait encore rien au départ du futur et aux exclamations du beau-père.

— Mon cher neveu, lui dit-elle,

il me semble que vous extravaguez. Songez que le temps presse et que la société s'impatiente;

— Eh! ma chère tante, que la société aille au diable!... La société... il s'agit bien de cela, corbleu! quand des brigands m'enlèvent un gendre de quatre cent mille francs, pour lequel j'avais congédié un comte de cent mille écus... La société! elle est pardieu bien à plaindre!... elle s'en ira comme elle est venue, elle jasera, elle caquettera, et demain elle n'y pensera plus; mais moi, mais ma fille!.. il y a de quoi devenir fou.

Et le papa Rudomont recommençait à se frapper le front, ce qui ne servait à rien, attendu qu'on frapperait pendant un siècle la tête d'un commissaire sans qu'il en sortît quelque chose qui pût compenser la millième partie de ce que celui-ci regrettait. Il était encore dans la même agitation lorsque Céline elle-même, qui ne concevait rien à ce retard prolongé, vint dans le cabinet de son père.

— Vous êtes charmante, mademoiselle; tout cet attirail de colifichets fait admirablement; mais vous allez, s'il vous plaît, mettre tout cela de côté...

— Mon père... que signifie...

— Hélas! ma pauvre enfant, dit la vieille tante, cela signifie que ton prétendu court les champs, et qu'il n'y a pas plus de mariage que dessus ma main.

— Oui, mademoiselle, et voilà ce que c'est que de ne pas suivre mes conseils : il y aurait déjà quinze jours que vous seriez comtesse ; j'aurais peut-être maintenant une bonne place dans les haras, ce qui me convenait parfaitement : il est si agréable d'avoir affaire à des chevaux ! ceux-là au moins ne vous jettent pas au nez *la liberté individuelle, l'arbitraire*, et un tas de balivernes auxquelles je n'entends rien, et qu'une foule de petites gens font sonner si haut. Là, au moins, point d'opposition, et pour peu que l'on sache mettre le pied à l'étrier...

— Eh! mon neveu, s'écria la vieille, ne voyez-vous pas que cet enfant se trouve mal?

En effet, la pauvre Céline avait à peine entendu les premières paroles de son père, qu'elle était tombée sur un fauteuil et avait perdu connaissance. Cet événement servit de pretexte pour annoncer aux invités que la cérémonie était remise: les uns se retirèrent en maudissant l'accident qui leur enlevait un bon dîner, les autres en regrettant le bal, et tous en raisonnant et déraisonnant sur cette aventure. Il était clair que la jeune fille ne s'était pas évanouie sans motif, et puis on avait remarqué que le futur était disparu, et il y avait là tout ce qu'il fallait pour alimenter pendant huit jours, la conversation de toutes les commères de la ville.

Charles, cependant, roulait tristement vers la capitale. Dès qu'il y fut arrivé, il s'empressa de se rendre chez son homme d'affaires : — Monsieur, lui dit ce dernier, je ne puis vous cacher que le mal est encore plus grand que je ne le croyais lorsque je vous écrivis : il paraît que, par suite, des pertes énormes que vos banquiers ont faites dans les jeux de la bourse, le passif est énorme et l'actif est presque nul.

On parle de donner cinq pour cent, encore ne sera-ce que dans un temps éloigné; la liquidation sera fort longue, les frais de justice seront énormes.

Charles put à peine répondre; il étouffait : jusque-là il avait conservé une lueur d'espérance que l'affreuse vérité venait lui ravir: il se retira le cœur navré. La perte de sa fortune était sans doute un grand malheur, mais ce n'était pas ce qui affligeait le plus notre jeune homme : la possession de la tendre Céline, à laquelle il ne pouvait plus prétendre, portait à son cœur un coup bien plus terrible. Dans son désespoir, il songeait à quitter la France pour n'y rentrer jamais; il pensa que le bruit des armes, les fatigues de la guerre étaient seuls capables d'apporter quelque adoucissement à ses maux, et il résolut d'aller en Grèce. Ce projet lui plaisait, il voulait l'exécuter le plus tôt possible. — Mon vieil ami, dit-il à Laurent, ma ruine est complète, et ce n'est pas sans un vif chagrin que je t'annonce notre séparation prochaine. Tu as fait quelques économies, et tu ne manques pas d'intelligence; tu peux avec cela vivre commodément.

— C'est-à-dire, monsieur, que vous me chassez?

— Le ciel m'en préserve, mon

ami; je ne te chasse point, mais ma mauvaise fortune me met dans l'impossibilité de payer tes services.

— Ainsi, monsieur, vous estimez mon attachement une certaine somme, et vous m'engagez à l'aller vendre ailleurs... Et c'est un homme qui vous a vu naître que vous traitez ainsi... Vous en agissez avec celui que vous appelez votre vieil ami comme vous le feriez avec un valet de louage... Tenez, monsieur, c'est une injure que je n'oublierai de ma vie; et, si vous étiez encore riche, je vous quitterais à l'instant même.

— Tu as tort, Laurent.

— Non, monsieur, non, je n'ai pas tort; c'est vous, corbleu! qui battez la campagne, et voilà pourquoi je vous pardonne l'injure que vous me faites.

— Laurent ! ce langage...

— Oh! fâchez-vous si vous le voulez; je ne suis pas amoureux, moi, monsieur, et j'ai toute ma tête... Ne dirait-on pas qu'à votre âge, et fait comme vous êtes, avec les talens que vous avez, on peut manquer de fortune? n'êtes-vous pas un homme?... Vous sentez-vous incapable de prendre une résolution courageuse?

— Cette résolution est prise.

— Et vous allez...

— Je vais en Grèce.

— Eh! que ferez vous là, s'il

vous plaît? Vous ne pouvez être officier, car vous ignorez absolument l'art de la guerre: vous ferez-vous soldat? La bravoure ne vous manquera pas; mais vous sentez-vous capable d'obéir toujours sans murmurer à un caporal ignorant, à un sergent brutal, qui se croiront infiniment supérieurs à vous, parce qu'ils auront appris le grand art de tourner à droite ou à gauche, au premier commandement? Vous porterez sans difficulté un fusil sur l'épaule; mais il sera un pouce trop haut ou un pouce trop bas; et, comme il est très-important, selon ces héros galonnés, qu'un brave ne fasse pas un pas plus long que

que l'autre, ils prendront la peine de vous enseigner longuement la manière de mettre un pied devant l'autre pour avancer, et l'un derrière l'autre pour reculer; ils vous démontreront, pendant dix heures, chaque jour, que vous ne savez pas vous tenir droit; et, si vous montrez de la docilité, on pourra, au bout de quelques mois, vous faire passer à l'importante leçon du demi-tour. Enfin, après bien des dégoûts, on pourra vous accorder la faveur de faire campagne.

— Tais-toi, Laurent, je ne suis pas d'humeur à rire, et des plaisanteries ne sont pas des raisons.

— Je ne plaisante pas, monsieur.

lorsque je vous dis que vous vous faites illusion, et qu'il vous sera impossible de vous accoutumer au genre de vie que vous voulez embrasser.

— Que veux-tu donc que je fasse ?

— Belle question, ma foi ! .. J'admire avec quel art, de tous les moyens que vous avez pour vous tirer d'affaire, vous allez déterrer le plus mauvais. Manquez-vous de talent encore une fois ? ne pourriez-vous solliciter et obtenir quelque place honorable ?

— Quoi ! tu voudrais que j'allasse ramper dans les antichambres des ministres pour, à force de bassesse, obtenir un misérable emploi dont on aura dépouillé un père de famille...

— Eh bien! monsieur, faites mieux, restez indépendant.

— Cela est vraiment bien préférable; mais il ne suffit pas d'être indépendant, il faut encore vivre.

— Sans doute, et vous vivrez de vos talens : j'ai mille fois entendu dire que vous êtes un excellent mathématicien, et vous dessinez aussi fort joliment; pensez-vous qu'un maître de mathématiques ne vaille pas un soldat.

— Mais, mon ami, tu oublies que je suis absolument sans argent; que je ne recevrai que dans un temps éloigné les minces débris de ma fortune passée, et que cependant il me faudra attendre les élèves, avoir un logement décent...

— Encore une fois, monsieur, que vous ai-je fait pour me traiter ainsi?... Ne parliez-vous pas tout-à-l'heure de mes économies?.. à qui les dois-je, s'il vous plaît, si ce n'est à votre générosité à celle de votre excellent père?... Au nom de Dieu! monsieur, ne réduisez pas au désespoir un homme qui vous aime et qui a juré de ne vous quitter jamais!.. Laissez-moi faire; souffrez que je vous guide dans cette circonstance, et soyez sûr que vous vous trouverez mieux de ma méthode que de celle d'un caporal ou d'un sergent. Je vous en conjure, ne dédaignez pas mes conseils, et ne refusez pas mes faibles services; laissez-moi goûter, avant que de mourir, le bonheur d'être utile au fils de mon bienfaiteur...

Ici les yeux du vieux serviteur se remplirent de larmes, ses mains se joignirent; il se tut et attendit avec la plus vive anxiété la réponse de son jeune maître. Charles lui-même était vivement ému; il ne put se résoudre à affliger par un refus ce brave homme, dont les observations d'ailleurs lui paraissaient fort sages. Ce fut sans beaucoup d'efforts qu'il renonça à l'honneur de porter le mousquet : — Laurent, dit-il, fais comme tu l'entendras, et je le trouverai bon, à cette seule condition que tu n'exposeras pas ta petite fortune. Je veux bien être ton obligé, mon vieil ami ; mais je ne me consolerais jamais de t'avoir, sur tes vieux jours, dépouillé de cette ressource : il faut bien que je consente à ne te plus payer, puisque cela me serait impossible, mais je n'accepte rien au-delà. Tes conseils sont bons, et je les suivrai : je vais reprendre mes livres, mes crayons ; je donnerai des leçons....

— A la bonne heure, au moins ; voilà qui est raisonnable. Tenez, monsieur, à quelque chose malheur est bon : si vous n'aviez pas perdu votre fortune, jamais je ne vous aurais entendu parler sur ce ton-là : c'est dans l'adversité que l'on trouve la sagesse, et,..

— Assez, assez, Laurent; tes discours sont toujours trop longs, et il n'y a pas de raison pour que tu ne prétende bientôt que ce qui me désespère devrait me réjouir. C'est décidé, je n'irai pas en Grèce, et je donnerai des leçons; pour Dieu, restons-en là.

Le bon homme ne répliqua point; mais dès le lendemain il fit les dispositions convenables au nouveau genre de vie qu'allait embrasser son jeune maître : il loua, dans l'île Saint-

Louis, un modeste appartement, le fit meubler convenablement, et, le troisième jour, il y instala Charles : il fit ensuite lithographier de jolies cartes, qui indiquaient l'adresse et la profession de Delmar; et il prit lui-même le soin de les distribuer dans les maisons dont l'apparence annonçait l'aisance. Laurent avait du tact, et il n'ignorait pas que c'est particulièrement dans la classe moyenne que l'on est avide d'instruction.

Charles se mit à l'étude, d'abord avec peine, et sans succès; car il arrivait presque toujours que, pendant qu'il cherchait la solution d'un problème, l'image de Céline se présentait à son imagination, et il est difficile d'imaginer deux choses plus antipathiques que l'amour et le calcul, c'est-à-dire l'idéal et le positif.

Cependant il se présenta quelques élèves; la nécessité de leur enseigner força le maître à apprendre: le souvenir de Céline ne s'effaça point, mais les regrets de Charles étaient moins cuisans; il trouvait un charme secret, en pensant qu'il devait à son travail l'aisance dont il jouissait. Non-seulement il put bientôt rendre au vieux Laurent les avances que celui-ci avait faites, mais il lui fut possible de continuer à payer les gages de ce fidèle serviteur. Il est vrai qu'il n'avait ni maîtresses, ni chevaux, ni duels, et c'était là une économie dont il ne souffrait pas.

Plusieurs mois s'étaient écoulés, lorsqu'un soir Laurent, qui, depuis quelque temps, roulait de grands projets, dit à son maître : — Maintenant, monsieur, que vous êtes tout-à-fait raisonnable, il faut que je vous communique un grand projet que je mûris depuis long-temps.

— Mon vieil ami, ne faisons pas de projets ; nous ne sommes pas assez heureux dans l'exécution.

— De quoi vous plaignez-vous donc? tout ne vous réussit-il pas, depuis votre changement de vie?

— Il est vrai que je suis parvenu à prendre quelque goût pour le travail; mais.... Tiens, Laurent, ne parlons plus de cela : la blessure n'est pas fermée.

— Eh bien ! c'est justement pour achever de la cicatriser qu'il faut que je parle; j'ai trouvé une recette infaillible.

— Voyons de quoi se compose ton spécifique?

— Vous prenez d'abord quarante mille francs de rente....

— Et où diable veux-tu que je prenne cela ?

— C'est de quoi nous nous occuperons ensuite. Je disais donc : vous prenez quarante mille francs de rente ; vous ajoutez à cela un joli petit hôtel, une bonne voiture, et pour peu que vous viviez joyeusement, dépensant tout le revenu, sans jamais toucher au fonds, je vous garantis guérir radicalement.

— Mon pauvre Laurent, perds-tu la raison?

— Non, monsieur, dieu merci; et je travaille au contraire à la faire retrouver à autrui; c'est pour cela que je dis: Prenez quarante mille...

— Que signifie cette mauvaise plaisanterie?

— Mauvaise, dites vous! pas tant, parbleu! Et puis, mon cher maître, ce n'est pas du tout une plaisanterie, car il ne tient qu'à vous de prendre tout cela sans que personne y trouve à redire. Je dis tout cela, et même quelque chose avec qui n'est pas à dédaigner.

— Et ce quelque chose...?

— C'est tout simplement une honnête personne, veuve d'un second mari et....

— Décidément tu es fou.

— Ce que je vous dis est à la lettre, monsieur.... Il est vrai que la dame a passé la trentaine; je crois même qu'elle frise les huit lustres; mais cela n'empêche pas qu'elle ne soit encore fort bien....

— Quand te plaîra-t-il de parler d'une manière intelligible?

— Eh bien! monsieur, voici le fait: Il y a près d'ici une veuve, femme raisonnable et sensible, qui serait charmée que vous voulussiez accepter sa main avec tous les petits accessoires dont je viens de parler, c'est-à-dire les quarante mille francs, etc., etc. Faites attention, s'il vous plaît aux etc., qui méritent la peine d'être remarqués.

— Eh quelle est l'officieuse personne qui t'a farci le cerveau de tout ces beaux détails?.

— Ne riez pas, monsieur.... ou plutôt riez, réjouissez-vous ; il y a de quoi. Passons aux détails : chaque fois que vous allez donner leçon à ce jeune homme qui demeure sur le quai Bourbon, vous passez sous le balcon de l'hôtel qu'habite la dame en question : après vous avoir vu plusieurs fois, l'envie lui a pris de savoir qui vous êtes. Une femme de chambre, fort honnête personne du reste, vous a suivi, et c'est à moi qu'elle s'est adressée pour se mettre en mesure de satisfaire la curiosité de sa maîtresse. Nous fîmes connaissance, et, à la troisième entrevue, j'appris ce je viens de vous raconter. Ce n'est pas tout; après avoir cherché un moyen convenable pour vous donner entrée dans la maison, la sensible douairière a résolu de prendre des leçons de dessin, et vous allez être l'heureux professeur de cette aimable personne, en attendant que vous soyez quelque chose de mieux. Ainsi, tout est réparé : vous serez riche, en dépit des fripons qui vous ont ruiné....

— Tu oublies donc, mon ami, que j'ai été forcé de renoncer à la seule femme qu'il me soit possible d'aimer?

— Ce n'est pas là la question, mon cher maître : ce n'est pas de l'amour qu'on vous demande; mais seulement un peu de bonne volonté; il ne faut pas d'amour pour cela; et la preuve, c'est que moi, qui n'ai jamais connu l'amour, à ce que vous dites, je serais capable de prendre, les yeux fermés, une sensible personne qui m'apporterait seulement moitié, voire même le quart de...

— Finissons, Laurent. Je donnerai toute ma vie des leçons de mathématiques et de dessin, plutôt que de devenir riche à ce prix.

Ici le visage de Charles se rembrunit ; il devint triste, et parut après quelques instans, enseveli dans une profonde rêverie.

— Je le croyais guéri, se dit Laurent en se retirant, et je me trompais : c'est dommage, car enfin, quarante mille francs de rente..... mais tout n'est pas désespéré : il faudra bien qu'il donne des leçons à la dame, et si, comme on le dit :

Désir de *veuve* est un feu qui dévore,

peut-être ne faudra-t-il qu'une étincelle de ce feu-là pour mettre le feu aux poudres.

CHAPITRE V.

M. le comte remonte sur sa bête.

Rien ne saurait être comparé au désespoir de Céline, si ce n'est peut-être celui de madame Georges, et le désappointement du papa Rudomont. La pauvre enfant, d'abord anéantie du coup qui venait de la frapper, ne reprit ses sens que pour sentir plus vivement toute l'étendue de son malheur. Cependant elle conservait une lueur d'espérance : il lui semblait impossible que Charles ne lui donnât pas promptement de ses nouvelles; elle pensait aussi que son père ne persisterait pas à faire des quatre cent mille francs le *sine quâ non* de son consentement; et puis elle s'efforçait de croire que le malheur annoncé à son amant n'était pas aussi grand qu'il l'avait cru. Mais quinze jours écoulés sans qu'on entendît parler de Delmar, éteignirent ce dernier rayon, et une sombre mélancolie s'empara de la jeune fille. Quant au commissaire, il se reprochait amèrement d'avoir rompu si brusquement avec l'officier des haras; il se serait trouvé bien heureux de pouvoir renouer la partie avec le noble comte; mais comment espérer que cela fût possible après tout ce qui s'était passé? Malgré le sommeil de son intelligence, M. Dublaisot ne pouvait ignorer l'aventure qui était arrivée si à propos pour le venger, et sur laquelle les bonnes langues de la ville n'avaient pas manqué de faire les commentaires les plus charitables. Cependant, à force d'y penser, M. Rudomont finit par croire qu'il n'était pas tout-à-fait impossible de ramener dans ses filets le noble officier, et, après avoir mûrement réfléchi, il feignit de tomber malade: quelques jours après, le journal du département, au nombre des nouvelles importantes dont il régale ordinairement ses abonnés, init celle de la maladie grave dont était atteint le commissaire, M. Dublaisot apprit ainsi que son ex-futur beau-père était en danger de faire le grand voyage : il n'en fut guère affligé, car il avait sur le cœur la préférence qu'un vilain avait obtenue sur lui, archi-noble : il avait été offensé, et un officier des haras dont la noblesse date du règne de Childebrand ne pardonne pas facilement une offense. Mais ce n'était pas sur l'effet que pouvait produire cette nouvelle que M. Rudomont comptait ; elle ne faisait que préparer la voie par laquelle le rusé commissaire voulait arriver au but qu'il se proposait.

Déjà le comte avait oublié la maladie, et s'il pensait encore au malade ce n'était probablement pas pour le plaindre, lorsqu'il reçut une lettre par laquelle on lui mandait que M. Rudomont, dont l'état était désespéré, désirait ardemment lui parler avant que de mourir.

— Vraiment, s'écria M. Dublaisot, ces petites gens sont étonnantes ; il semblerait que tous les gentilshommes du royaume dussent être à leurs ordres ! Il est vrai que celui-ci est à l'extrémité ; mais que me fait à moi la mort d'un vilain ?... Il a une jolie fille, à la bonne heure ; mais cette jolie fille-là a des goûts de peuple qui feraient broncher un baron du nouveau régime. Il est donc absolument impossible que je me compromette au point.... Cependant, en sa qualité de commissaire, cet homme-là peut avoir à donner d'utiles avertissemens ; je me rappelle aussi qu'il savait sur le bout du doigt la généalogie des Dublaisot, ce qui prouve qu'il s'occupait de grandes choses.... Il m'a manqué, c'est vrai ; il a manqué à l'unique et illustre rejeton..... Parbleu ! je devine, il craint de rencontrer là haut les aïeux d'un des meilleurs gentilshommes de France, et il veut me demander pardon..... J'irai donc ; car, à la rigueur, un officier des haras peut être humain : je ne connais pas d'instruction ministérielle que le lui défende,.... et puis je suis curieux de voir le visage que fait la petite personne, qui, pour n'avoir pas fait assez de cas d'un illustre écuyer, se trouve le derrière entre deux selles.

Et là-dessus, M. Dublaisot se dirige vers la demeure du commissaire, qui l'attend dans son lit.

— Ah! M. le comte, s'écrie le papa Rudomont, que je vous rends grâces de n'avoir pas été sourd à la prière d'un mourant!

— Il est vrai que je n'aurais peut-être pas dû... et si vous n'aviez pas été sur le point de devenir mon beau-père... mais enfin de quoi s'agit-il?...

— J'ai bien des torts à me reprocher, M. le comte!

— A qui le dites-vous !.. j'ai encore dans mon portefeuille...

— Et je veux les réparer autant que cela est possible.

— Bien pensé, M. Rudomont; voilà d'excellentes dispositions, et cela est d'autant plus à propos que, comme je vous le disais, j'ai dans mon portefeuille les notes acquittées des menus frais... c'est une affaire facile à régler : je vous donnerai quittance, et vous en aurez la conscience nette.

— M. le comte, vous ne m'entendez pas.

— Pardonnez-moi, pardonnez-moi, M. Rudomont, je vous comprends parfaitement : vous avez sur le cœur les dépenses que j'ai faites pour un mariage que vous avez refusé de conclure...

— Que j'ai refusé de conclure, voilà le point important, voilà ce qui fait que je suis coupable... Quant à l'argent, qu'est-ce que cela?.. Est-ce avec de l'argent qu'on peut réparer les torts que l'on a eus envers le meilleur gentilhomme de l'Artois!.. Non, M. le comte, ne me croyez pas capable de vous faire cette insulte... De l'argent! j'oserais, moi chétif, offrir de l'argent à mon seigneur et maître!... A Dieu ne plaise que je me rende jamais coupable de cette indigne action!...

— Il y a du bon dans ce que vous

dites-là, monsieur le commissaire, il y a du très-bon; mais je ne vois pas...

— Permettez, M. le comte, que je vous confesse la faute... je devrais dire le crime dont je me suis rendu coupable dans cette circonstance : Non-seulement je vous ai manqué, en refusant de conclure un mariage pour lequel vous aviez déjà fait tant de sacrifices; mais j'ai ajouté la violence à la ruse, pour forcer Céline à renoncer à vous. En vain la pauvre petite pleura, gémit, protesta qu'il lui serait impossible d'en aimer un autre que vous....

— Elle a fait tout cela?

— Oui, M. le comte; et bien autre chose encore!

— Cette chère bobonne!... encore autre chose!...

— Hélas! tout cela fut inutile : la fortune considérable de votre rival m'avait tourné la tête : je lui signifiai de le regarder comme son mari, et je rompis avec vous.

— Ah! père barbare!

— C'est le mot, M. le comte, je fus un père barbare; mais Céline fut une amante fidèle.

— Entendons-nous, M. Rudomond; fidèle à qui, s'il vous plaît?

— Eh! à qui ce pouvait-il être, si non à vous, qui n'avez jamais cessé de posséder son cœur?

— Cependant, je me suis laissé dire....

— Eh! M. le comte, pourriez-vous douter de la sincérité d'un homme qui s'accuse, d'un homme qui, avant que de mourir, vous conjure de lui pardonner?

— Eh bien, M. Rudomont, vous me croirez si vous voulez, mais, malgré notre rupture, j'ai toujours pensé que la petite en tenait.

— Cela n'est pas étonnant: quand on est, comme M. le comte, doué d'une perspicacité....

— Il ne m'a fallu qu'un coup d'œil, pour voir que la charmante était folle de moi.

— Ah! quel tact! quel jugement! voilà qui sent le gentilhomme d'une lieue!

— Je vais plus loin, M. le commissaire....

— Allez, M. le comte, allez; ce ne sera pas moi qui vous arrêterai sur ce chemin-là.

— Je suis sûr que la chère poulette m'aime encore davantage depuis la rupture.

— Ah! quelle admirable connaissance du cœur humain!

— Eh! ma foi, papa Rudomont, on en dira ce que l'on voudra; mais il ne sera pas impossible que je récompense sa fidélité : il est évident que la chère pouponne est née pour être comtesse, et, corbleu! elle le sera!

— Ce sera la récompenser dignement de la courageuse persévérance avec laquelle elle a refusé un parti de trente mille francs de rente.

— Trente mille francs !.... où allons-nous donc, bon Dieu !... Un misérable vilain, qui a trente mille francs de rente! quelle insolence !... Je suis sûr que cela dit : *Ma terre*, *mes gens*.... En vérité, cela fait mal aux nerfs !

— Ainsi, M. le comte, vous voulez bien me pardonner.

— Il le faut bien; mais, foi de gentilhomme, papa Rudomont, vous êtes bien heureux d'être le père de votre fille, car c'est en considération de la parenté que j'oublie le passé... à une condition, cependant; c'est que vous ordonnerez l'accomplissement du mariage, par un article de votre testament : après cela, mourez tranquille ; je me charge du reste, y compris le service du bout de l'an pour le repos de votre âme ; car enfin, il n'est pas impossible qu'un vilain en ait une, et ce n'est pas le cas d'appliquer le précepte : *Dans le doute, abstiens-toi.*

Malgré cette obligeante réflexion de l'officier des haras, le rusé commissaire ne laissa pas de vanter la générosité, la grandeur d'âme de M. le comte : il jura que si, contre toute apparence, il revenait de sa maladie, il passerait le reste de ses jours à se rendre digne de l'alliance d'un si grand homme; enfin il en dit tant, et fit si bien, que M. Dublaisot, gonflé de tant d'encens, se crut grandi de deux pieds en sortant de la chambre du prétendu moribond. Il était à peine dans la rue, que le papa Rudomont, recouvrant subitement la santé, se jeta hors du lit, passa sa robe de chambre, et fit appeler Céline, qui croyait son père véritablement indisposé, et était bien loin de soupçonner ce qui venait de se passer.

— Çà, mon enfant, dit le papa, j'espère que nous serons plus raisonnable à l'avenir : tant que j'ai pu espérer que les choses se feraient comme tu le désirais, j'ai patienté;

mais tu vois à quoi cela nous a menés : de deux partis excellens, il ne te restait rien ; et peut-être serais-tu restée fille toute ta vie, si tu n'avais eu un père capable de tout entreprendre pour t'éviter ce malheur : grâce à mes soins, tu ne dois plus le craindre, et j'ai la douce satisfaction de t'annoncer que tout est arrangé de la manière la plus satisfaisante.

— Ah ! mon dieu ! serait-il revenu !

— Oui, mon enfant, oui, il est revenu, et j'ai si bien fait, qu'il est plus disposé que jamais à terminer promptement.... Maintenant cela te regarde ; tu n'as qu'un mot à dire, et tu es comtesse.

Ici le visage de Céline, qu'un rayon d'espérance avait animé pendant quelques secondes, reprit la teinte sombre qu'il avait d'abord : elle baissa les yeux, soupira et se tut. Cela ne parut pas d'un augure favorable à M. Rudomont, qui jugea convenable de frapper un coup d'autorité.

— Mademoiselle, dit-il, d'un air sévère, c'est trop long-temps abuser de ma bonté, je dirais presque de ma faiblesse; il faut que cela finisse; j'ai donné ma parole au comte, et vous l'épouserez, ou, morbleu!...

— O mon père! à dieu ne plaise que j'aie le dessein de braver votre autorité; mais c'est votre pitié que j'implore : je vous en conjure, ô mon père, souffrez que je reste près de vous, que je ne vous quitte jamais.

— Point de phrases : de l'obéissance, c'est tout ce que j'exige.

— Eh bien, puisque mes larmes et mes prières ne vous touchent point, puisque vous me réduisez au désespoir en me forçant à vous désobéir, je vous déclare que le comte ne sera jamais mon époux.... Jetez-moi dans un couvent; j'y prendrai le voile; je renoncerai pour toujours au monde. Connaissez-vous quelque punition plus terrible? n'hétez pas à me l'infliger, pour prix de ma désobéissance; je m'y résigne à l'avance, et vous ne m'entendrez pas murmurer...O mon père! mon père! ne me forcez point à maudire la vie que j'ai reçue de vous.

M. Rudomont, tout commissaire qu'il était, se sentit ému : — Écoute, mon enfant, dit-il, d'un ton plus doux, tu sais combien je t'aime, et tu dois être persuadée que si j'ai à cœur de faire ce mariage, c'est que je suis sûr que tu seras heureuse avec le comte : avec la dixième partie de l'esprit que tu as, on fait de cet homme-là ce que l'on veut; que sera-ce donc.... Prends le temps de réfléchir; nous reparlerons de cela un autre jour, et je suis sûr que tu seras plus raisonnable.

Tandis que notre héroïne se désolait, M. Dublaisot, au comble de la joie, se disposait à mener les choses rondement, de peur que quelque nouvelle aventure ne vînt encore retarder le dénouement après lequel il soupirait depuis si long-temps. Cette fois, il crut pouvoir se dispenser de faire des phrases dans le journal du département; mais, comme il pensait très-sensément qu'un homme de son importance ne devait pas être heureux incognito, il s'empressa de se rendre chez Comard, cet honnête pâtissier étant depuis long-temps connu pour la gazette vivante de la capitale de l'Artois.

— Comard, mon ami, dit-il en

se caressant le menton, voici venir un gentilhomme qui se dispose à mettre très-prochainement vos talens en réquisition.

— M. le comte, je suis à vos ordres, et, malgré les charlottes manquées, j'espère vous prouver... Cette fois, au moins, il ne s'agit pas de mariage?

— Au contraire, mon ami, c'est d'un mariage qu'il s'agit.

— Dieu des brioches!.. il serait possible que...

— Comment, possible! mais, mon cher, cela n'a jamais été douteux: j'ai eu un rival, c'est vrai; mais qu'en est-il résulté? ce que tout le monde a prévu, c'est-à-dire que je suis sorti vainqueur de la lutte; que mon adversaire a vidé les arçons, et que, malgré l'ennemi, je suis remonté sur ma bête.

— Quoi! il serait vrai!... Tenez, M. le comte, je vous en prie, ne m'en dites pas davantage, car je suis capable de rire, et, foi de Comard, je n'en ai pas envie.

— Qu'est-ce à dire, M. le pâtissier, il me semble que vous me manquez de respect!...

— Dieu m'en garde, M. le comte! mais c'est que, quand j'y pense,... après ce qui est arrivé... Je sais bien qu'à la rigueur, il n'est pas impossible qu'une jeune femme aime son mari, même quand il frise la soixantaine; et sans aller si loin ehercher des exemples, nous avons la cousine Georges..... M. le comte, je vous en souhaite une comme celle-là. Dieu, quelle femme! à vingt-six ans, mourir de chagrin d'avoir perdu un mari vieux, goutteux!..

— La veuve de ce riche fabricant? elle est morte, dites-vous?

— Pas encore; mais il est probable qu'elle n'ira pas loin, car elle a envoyé hier chercher un notaire pour faire son testament, et son médecin, que j'ai vu aujourd'hui, m'a assuré qu'elle n'en reviendrait pas: c'est une maladie de langueur qui la mine; enfin la pauvre cousine est victime de l'amour conjugal:

c'est l'avis du docteur, et c'est aussi le mien, malgré quelques petites circonstances qui pourraient faire pencher pour la négative. Voilà pourquoi je dis, M. le comte, que je vous en souhaite une taillée sur ce pâtron-là; mais on assure qu'elles sont rares dans le département.

— Rares, je ne dis pas non; mais à qui doivent appartenir les choses rares, si ce n'est aux gens de qualité?

— Ah ça! cette fois-ci, êtes-vous bien sûr que la chose rare.....

— Je vous dis, mon ami, qu'elle est à moi. Le père, qui est à l'extrémité, m'a fait des révélations qui ont achevé de lever les difficultés: il m'a avoué que la petite n'avait jamais cessé de m'aimer, et....

Eh bien, M. le comte, vous me croirez, si vous voulez; elle n'en avait pas l'air.

— Sans doute, parbleu! une fille bien élevée n'a jamais cet air-là; mais il n'est pas moins vrai que la chère enfant m'adore; et cela va si loin que, si je lui tenais rigueur, il serait à craindre que le désespoir la portât à quelque extrémité. Voilà la vérité, mon ami, réglez-vous là-dessus, et tenez-vous en haleine.

A ces mots, le comte se retira, et Comard, malgré tout le respect qu'il disait avoir pour les gens de qualité, ne put s'empêcher de lever les épaules, et il conclut de ce qu'il venait d'entendre, que l'amour était presque aussi puissant que l'art culinaire, puisqu'une jeune fille produisait sur un officier des haras autant d'effet que les truffes sur un législateur de la rue Thérèse. Il lui semblait aussi très-extraordinaire que son compère eût abandonné si facilement la partie, et s'il avait su où Charles s'était retiré, il n'aurait pas manqué de lui donner avis de ce qui se passait, car les circonstances lui paraissaient graves. Non seulement Céline, cette tendre Céline, pour laquelle il avait paru épris d'une violente passion, était sur le point de devenir la femme d'un rival abhorré, mais madame

Georges, que le bon Comard regardait comme le modèle des femmes, atteinte depuis quelque temps d'une maladie de poitrine, était dans une situation désespérée, et la fidèle Julie venait souvent, et toujours en vain, à l'hôtel de France, pour s'informer si l'on avait reçu des nouvelles du jeune Delmar.

La tendre veuve semblait désirer ardemment le retour de son jeune ami : — Plus heureuse que moi, Julie, disait-elle souvent, tu le reverras un jour!... Parle-lui de moi : dis-lui que je serais morte heureuse de savoir qu'il me fermerait les yeux.... Hélas! j'aurais dû prévoir qu'il ne devait plus revenir, car, malgré le secret plaisir que je goûtai en apprenant qu'il ne serait pas l'époux de celle qui m'avait enlevé son amour, ses adieux me brisèrent le cœur.... S'il était là, près de mon chevet; si j'entendais sa voix consolatrice; si je sentais sa main serrer la mienne; si je respirais sa douce haleine.... Oh! qu'à ce prix, la mort me serait douce!....

Ne pouvant parvenir à consoler sa maîtresse, la bonne Julie pleurait avec elle, et ses larmes étaient le seul baume capable d'adoucir les maux de madame Georges.

Cependant la cruelle maladie faisait chaque jour des progrès effrayans : les traits de la douleur étaient profondément empreints sur ce visage naguère encore brillant de jeunesse et de beauté, et le sourire semblait pour toujours exilé de ces lèvres décolorées.... Encore quelques jours, et de ce chef-d'œuvre de l'amour, de cette réunion de grâces, de cet ensemble presque divin, il de devaït rester que le souvenir.

CHAPITRE VI.

Rencontre au bal. — Nouvelles. — Départ.

Depuis un mois Charles donnait des leçons de dessin à madame de Clarance; c'était le nom de cette dame de l'île Saint-Louis qui, trouvant notre héros à son gré, avait tenté, par quelques demi-confidences, d'amener Delmar sur le chapitre matrimonial; mais le jeune homme, qui savait d'ailleurs à quoi s'en tenir, affectait un respect glacial pour sa nouvelle écolière: on l'invitait souvent à dîner; il était de toutes les soirées; on avait pour lui tous les égards, toutes les attentions imaginables, et les choses n'en étaient pas plus avancées. La sensible douairière se désespérait; elle ne concevait pas que ce charmant jeune homme pût être si réservé, si timide auprès d'une femme qui, avec quelque reste de beauté et une assez belle fortune, était, dans toutes les occasions, disposée à le servir, et lui montrait souvent un peu plus que de l'amitié.. Ce n'était pas non plus la faute de Laurent si cette affaire ne prenait pas une allure plus vive: le vieux serviteur secondait de toutes ses forces madame de Clarance, et ne ménageait ni les raisonnemens ni les prières pour obtenir de son jeune maître qu'il consentît à devenir riche.

— Eh! mon ami, lui disait Charles, le produit de mon travail ne suffit-il pas à nos besoins? Je suis heureux autant que je puis l'être maintenant : une seule chose manque à mon bonheur; mais cette chose-là, mon vieux Laurent, loin de m'en rapprocher, le mariage que tu souhaites si fort m'en éloignerait plus que jamais.

— Eh! voilà justement pourquoi il faut vous hâter de le conclure, mon cher maître; car, à force de vous éloigner de cette diable de chose, vous finirez par la perdre de vue, l'oublier, et cette raison seule devrait vous déterminer. Et puis, est-il possible que vous soyez insensible aux preuves d'estime, d'intérêt que vous donne sans cesse cette bonne dame de Clarance? Voulez-vous la réduire au désespoir? ne serez-vous point compâtissant aux maux de l'amour, vous qui les avez ressentis tant de fois?

— Mon vieil ami, j'en suis fâché; mais tu en seras cette fois pour tes frais de réthorique.

— J'espère pourtant encore que vous changerez d'avis : s'il en était autrement, je ne m'en consolerais jamais.

— Il faudra pourtant que tu en prennes ton parti.

— S'il en est ainsi, monsieur, permettez-moi de vous dire que vous manquez de générosité dans cette circonstance : il semble que vous preniez plaisir à rendre incurable la passion de cette sensible dame : vous ne manquez pas une seule des soirées qu'elle donne, vous dînez chez elle au moins deux fois par semaine, et pendant ce temps le diable fait ses affaires, c'est-à-dire que chaque jour la dame est plus éprise que la veille... N'êtes-vous pas encore invité au bal qu'elle donne demain?

— Sans doute, et je ne manquerai pas de m'y rendre. Penses-tu que je montrerais plus de générosité en affectant du mépris pour une personne estimable, dont le commerce est agréable, et qui, quoi que tu en dises, est peut-être bien loin de songer à m'inspirer autre chose que de l'estime et du respect.

— Ah! monsieur, il est bien vrai qu'il n'y a pire sourd que celui qui ne veut pas entendre! Pour moi, si j'étais à sa place, je vous dirais nettement ce que je pense, et je vous forcerais bien à vous expliquer. C'est un idée qu'il me prend envie de lui faire souffler, et nous verrons comment vous vous tirerez de là; car, je ne vous le cache pas, mon cher maître, je me suis déclaré contre vous dans cette affaire. Il est vrai que je n'entends pas grand'chose aux intrigues de ce genre; mais je ne suis que l'auxiliaire de deux femmes d'esprit, et, ma foi, tenez-vous bien!

Charles n'attachait guère plus d'importance aux menaces de Laurent qu'à ses raisonnemens. Ce n'était pas qu'il ne sût parfaitement à quoi s'en tenir sur les véritables sentimens de madame de Clarance; mais, bien décidé à ne pas troquer sa liberté contre la fortune ce cette dame, il espérait rester ce qu'il était, c'est-à-dire l'ami de la maison; titre qui avait quelque prix pour lui, puisqu'il lui permettait de voir le monde sans que son mince budjet en soufrît, chose importante, dans la situation où il se trouvait. Cependant madame de Clarance avait résolu de lui faire connaître assez clairement ses intentions pour qu'il lui fût impossible de se retrancher plus long-temps derrière la modestie et le respect, qualités qui, en pareil cas, ne sont guère du goût des dames; et, pour son compte, la tendre douairière aurait trouvé très-bon que son jeune ami lui manquât de respect, sauf à faire semblant de rougir.

On était au carnaval; madame de Clarance devait donner une fête brillante; il y avait bal masqué; Charles devait y venir, et elle avait l'intention de s'emparer de lui, de ne le pas quitter de la nuit, et d'obtenir, à quelque prix que ce fût, l'aveu après lequel elle soupirait.

Delmar, qui ne soupçonnait pas le guet-apens, se rendit à cette fête, où il devait y avoir beaucoup de monde, entr'autres plusieurs parens de madame de Clarance qui se trouvaient momentanément à Paris. A onze heures, le monde commença à arriver; à minuit, les appartemens étaient encombrés. Cependant on était parvenu à former quelques quadrilles, et tous ceux qui ne purent trouver place dans la salle de jeu, se dirigèrent vers le salon où se faisait entendre le flageolet du célèbre

Colinet. Charles, qui, depuis son voyage en Belgique, avait horreur du jeu, fut un des premiers qu'attirèrent les accords de l'orchestre. Aussitôt madame de Clarance vient à lui:

— Il faut bien que je vous demande votre main pour la contredanse, lui dit-elle en riant, car vous êtes homme à ne pas oser me l'offrir, et j'ai pourtant résolu de ne danser qu'avec vous.

Charles, un peu étourdi du compliment, ne laisse pas d'y répondre ; il présente la main à la dame, et va prendre place à un quadrille. Le violon a donné son *la* pour la dernière fois; on attaque la note; Charles figure, mais, à la troisième mesure, il reste sur le *jeté* et *n'assemble* pas; ses regards viennent de s'arrêter sur le personnage qui lui fait face, et cette vue semble l'avoir pétrifié : c'est M. le comte Dublaisot!.. De son côté, l'officier des haras croit rêver ; il se frotte les yeux, avance d'un pas, recule de deux, change de couleur, et ne peut articuler un mot. Les danseurs et les danseuses se regardent, on chuchote ; cependant l'orchestre va son train, le quadrille se brouille ; M. le comte éclate, et, s'avançant vers le jeune homme, il s'écrie : — Corbleu! monsieur, je suis curieux de savoir ce que vous venez faire ici ?

— Monsieur, répond Charles, je sais

que nous avons quelque chose à nous dire ; mais vous choisissez mal le lieu pour un semblable entretien.

— Eh! de grâce, mon frère, dit madame de Clarance en s'adressant au comte, calmez-vous!... tous les yeux sont fixés sur vous ; voulez-vous faire du scandale... Suivez-moi tous deux, je vous en prie.

Son frère ! se disait Charles en traversant la foule ; parbleu! l'aventure est unique, et je ne voudrais pas pour beaucoup être privé d'en voir la fin.

En quelques secondes on arrive à l'appartement de madame de Clarance; tous trois y entrèrent , et M. Dublaisot, qui paraissait toujours furieux, s'écria : — Je vous trouve bien hardi, monsieur, d'oser vous introduire dans ma famille, après tout ce qui s'est passé entre nous!...

— Eh! monsieur, que s'est-il donc passé dont vous n'ayez lieu d'être satisfait? Car enfin j'ai abandonné la partie, je vous ai laissé le champ libre auprès d'une femme charmante.

— Oui, oui, vous êtes parti parce que vous avez vu que je me disposais à me montrer.... Oui, monsieur,.... j'ose même dire que je me suis montré.... Mais que peut un brave gentilhomme contre un complot machiavélique?

— Que diable dites-vous donc?

— Oh! je sais bien que vous ne l'avouerez pas ; mais nous avons des preuves, jeune homme, nous en avons.... Et d'abord le papa Rudomont, qui réchappe comme par miracle d'une fièvre maligne qui devait l'envoyer à tous les diables.... Et puis une madame Georges, votre principale complice....

— Monsieur, un lâche seul est capable de parler ainsi d'une femme respectable....

— Complice, monsieur, je le répète, et la preuve de cela, c'est que, voyant que tout était arrangé, elle s'est laissée mourir tout exprès pour vous favoriser.... Mais on dirait que vous ignorez.... Parbleu, il ne me manquait plus que de vous annoncer cela le premier.

— Au nom du ciel, monsieur, dit Charles, dont la colère venait de faire place à la plus vive anxiété, expliquez-vous.... madame Georges, Céline....

—Céline, Céline m'aime toujours, monsieur ; elle n'a jamais cessé un seul instant de m'aimer.... et cela est bien naturel, car un Dublaisot ne se rencontre pas tous les jours.... Malheureusement cela ne l'empêchera pas de vous épouser, attendu que son père le veut maintenant, et qu'une jeune fille, sage, timide, ne peut avoir d'autre volonté que.... Et puis l'héritage.... car enfin l'article du testament est formel : le père lui-même me l'a lu.

— De grâce, expliquez-moi....

— Oh! c'est trop fort.... J'espère, ma sœur, que vous ne souffrirez pas....

Un coup d'œil de Delmar empêcha le comte de dire une insolence. Madame de Clarance était dans un embarras cruel; Charles en eut pitié; il leva les épaules, sortit, et passa le reste de la nuit à réfléchir sur ce que le comte lui avait dit.

— Eh bien! monsieur, dit Laurent le lendemain matin, comment vont les amours?

— Ma foi, mon vieil ami, cela va

beaucoup mieux qu'il ne m'était possible de l'espérer.

— A la bonne heure! au moins, voilà ce qui s'appelle parler raison.... Ainsi nous transporterons bientôt nos pénates dans le petit hôtel du quai Bourbon?

— Au contraire, Laurent : nous allons, aujourd'hui même, partir pour Arras.

— En voici bien d'une autre!. . Eh! que voulez-vous aller faire dans ce maudit pays?

— Ce que j'y vais faire, Laurent! ma foi, mon ami, je te le dirais volontiers; mais il y a une petite difficulté, c'est que je n'en sais encore rien.

— Pour le coup, vous conviendrez que votre conduite est inexplicable.

— Pas autant que tu le crois. D'abord, tu sauras que madame de Clarance, que je pourrais appeler ta protégée, est précisément la sœur de ce noble comte qui prit un jour la peine de t'introduire lui-même près de Céline. Ce diable d'homme m'a fait la querelle la plus drôle qu'on puisse imaginer ; il est seulement fâcheux que je n'aie pas compris grand'-chose à ce qu'il m'a dit : il a parlé de testament, de madame Georges, du papa Rudomont, qui semblait être ressuscité tout exprès pour me donner sa fille. De tout ce galimatias, j'ai conclu qu'il était arrivé là bas quelque événement important pour moi, et je vais m'en assurer.

Le vieux serviteur ne trouva rien à répliquer à cela : il se rendit, selon l'ordre de son maître, au bureau des diligences, arrêta deux places, revint faire les malles, et le soir même ils partirent tous deux.

Il fallut à Charles vingt-quatre heures pour se rendre dans la capitale de l'Artois ; quant à nous, lecteur, qui, d'un trait de plume, traversons les espaces infinis, nous arriverons plus tôt. Voyons donc ce qui s'était passé, et par quel concours de circonstances M. le comte, malgré l'envie qu'il avait d'épouser une jeune personne, ce qui paraissait être une maladie de famille, s'était vu encore une fois obligé de renoncer tout à coup à l'objet de ses vœux.

On se rappelle que le commissaire, après avoir renoué avec M. Dublaisot, avait inutilement employé les prières et les menaces auprès de sa fille pour la décider à conclure ce mariage. Cependant Céline sentit bientôt que la résistance ouverte était un mauvais moyen : elle feignit donc de se sentir moins d'éloignement pour le comte; elle le reçut bien, lui parla avec une espèce d'abandon, de laisser-aller, de sorte que le beau-père et le gendre futurs en étaient chaque jour plus enchantés; mais la petite rusée ne tirait parti de la satisfaction qu'elle procurait, que pour chercher à gagner du temps ; elle avait toujours une raison prête pour obtenir un nouveau délai. M. Dublaisot n'osait rien refuser, et la pauvre Céline, espérant toujours, écrivait à Comard, à madame Georges elle-même, qu'elle savait être l'amie de Charles; elle les conjurait de mettre tout en œuvre pour se procurer des nouvelles de Delmar; son retour seul pouvait faire changer sa situation, et elle protestait qu'elle mourrait s'il ne revenait promptement.

La bonne, la sensible madame Georges, qui, atteinte d'une maladie incurable, faisait chaque jour un pas vers la tombe, s'intéressait vivement au sort de cette aimable enfant ; elle lui répondait, tâchait de la consoler, et lui faisait espérer un avenir plus heureux. Et c'était franchement qu'elle souhaitait que les vœux de Céline fussent exaucés, car, depuis qu'elle connaissait la nature de la maladie dont elle était atteinte, elle avait renoncé à toute rivalité. Elle adorait toujours Charles, et cela même lui faisait trouver beaucoup de charmes à la correspondance de Céline, où il était toujours question de Delmar et du bonheur que causerait son retour.

— Pauvres enfans, disait quelquefois la tendre malade, que ne puis-je, avant de quitter la terre, être témoin de votre bonheur! c'est maintenant le seul vœu que j'ose former!...

L'infortunée ne devait pas goûter cette dernière consolation; ce dernier désir d'une belle âme ne devait pas être accompli. . . . .

Le comte commençait à trouver que *la charmante* n'était pas pressée de terminer; le commissaire, qui tremblait de manquer une affaire pour laquelle il s'était donné tant de mouvement, avait résolu d'en finir promptement, et bon gré, malgré, Céline, dans quatre jours, devait être conduite à l'autel. . . . .

— Parbleu! beau-père, disait l'officier des haras, il faut avouer que j'ai du malheur; car enfin, si vous étiez mort, comme cela paraissait à peu près certain, en vertu de l'article du testament, j'épousais sous quinzaine; mais voilà qu'au moment d'en finir, vous vous ravisez, et en trois jours vous êtes sur pied....

— M. le comte, le reproche est obligeant; mais je ne suis pas homme à prendre mal les choses, et la preuve de cela, c'est que je vous donne ma parole que je ne souffrirai plus de remise.

C'était de bonne foi que le papa Rudomont prenait cet engagement; et pourtant quelques heures après, il pensait tout autrement. Quel était donc l'événement qui avait produit cet effet? le voici : Depuis quelques jours, la maladie de madame Georges avait fait des progrès si rapides, qu'il paraissait impossible que cette excellente femme ne succombât pas bientôt. Ce fut en vain que l'on chercha à lui cacher sa situation, elle ne se fit point illusion, et, sentant arriver le moment suprême, elle fit appeler le père de Céline. Le papa Rudomont, un peu surpris de l'invitation, pensa tout d'abord à l'expédient qu'il avait employé pour ramener M. Dublaisot dans ses filets : il crut qu'il s'agissait de quelque tour du même genre; cependant, comme il savait que madame Georges était très-riche, et que, en sa qualité d'officier ministériel, un certain charme l'attirait toujours vers les favoris de la fortune, il se rendit à l'invitation, se promettant toutefois d'être sur ses gardes; mais il lui fut bientôt aisé de voir que cette précaution était inutile.

— Monsieur, lui dit la sensible veuve, presque mourante, il est nécessaire que je vous fasse part de mes dernières volontés, de peur que, les ignorant, vous en rendiez l'exécution impossible. Je n'ai que des parens très-éloignés, que je ne connais point, et dont je suis à peine connue; j'ai donc cru pouvoir, sans scrupule, disposer de mon bien en faveur de personnes qui me sont chères, que j'aime, et dont je suis aimée; ainsi, à l'exception de cent mille francs que je donne au jeune enfant de Comard, et de quelques autres legs de peu d'importance, ma fortune, qui s'élève à près de huit cent mille francs, appartiendra bientôt à votre fille....

A ces mots, le commissaire, qui, immobile, le cou tendu, avait retenu son haleine, ne put contenir les transports de sa joie; il se jeta à genoux près du chevet, et livra passage aux exclamations qui le suffoquaient. La mourante lui fit signe de l'écouter, et il obéit; mais il voulut rester prosterné.

— Ce n'est cependant que conditionnellement, reprit madame Georges, que Céline sera mon héritière : je sais qu'elle aime M. Delmar, qu'elle en est aimée; je désire que ces jeunes gens soient mariés le plus tôt possible : si ce mariage n'a pas lieu, ma fortune appartiendra à mes héritiers naturels.

M. Rudomont voulut prendre la parole; mais madame Georges, épuisée par l'effort qu'elle avait fait pour parler, perdit connaissance, et quelques heures après sa belle âme était dans un monde meilleur!

Le commissaire venait de rentrer chez lui, et à peine avait-il eu le temps de faire part à sa fille de l'heureux événement qui changeait si à propos la face de ses affaires, lorsque M. Dublaisot parut. — Oh ! oh ! dit-il, en remarquant le visage rayonnant de Céline, il paraît que nous ne sommes pas fâchée de voir arriver le grand jour, le jour où cette jolie main....

— Vous voyez cela, M. le comte ?

— Ne savez-vous pas, beau-père, qu'on ne me cache rien ?

— Eh bien, j'en suis fâché pour vous, mais aujourd'hui vous voyez trouble.

— Laissez donc, papa Rudomont; je sais ce que je dis : on est contente aujourd'hui, et l'on sera enchantée dans trois jours ; c'est dans l'ordre, et vous n'avez rien à voir là-dedans. Seulement ayez soin que, pour ce qui vous regarde, les préparatifs soient terminés de bonne heure.

— Permettez, M. le comte; il y a bien du nouveau. Vous en direz ce que vous voudrez; mais je suis forcé de retirer ma parole.

— Pas de mauvaises plaisanteries, beau-père.

— Ce n'est pas une plaisanterie; mais un testament en bonne forme.

— Qu'est-ce que vous nous chantez-là!

— C'est un air qui ne sera pas de votre goût, je le sens bien; mais il n'en est pas moins vrai que vous ne pouvez épouser ma fille.

— M. le commissaire, je ne vous conseille pas de jouer ce jeu-là...... Corbleu ! je suis homme à vous faire repentir....

— Eh! M. le comte, est-ce ma faute si tout le monde aime ma fille; si la fortune lui tombe des nues, et si elle est aujourd'hui deux fois aussi riche que vous? Non, monsieur, ce n'est ni ma faute ni la sienne, à cette chère enfant.

M. Dublaisot s'emporta, cria, pesta, et ce ne fut qu'avec beaucoup de peine que le père de Céline parvint à lui expliquer comment il se faisait que sa fille ne pouvait devenir comtesse, et conserver la fortune qui lui était léguée : le comte voulut voir le testament, et lorsqu'il eut lu et relu l'article dont madame Georges avait parlé au commissaire, il prétendit que cela était le résultat d'un complot, d'une conspiration ourdie contre lui; et, ne voulant pas rester plus long-temps dans un pays où il croyait sa sûreté compromise, il demanda un congé, l'obtint, et accourut à Paris, où, pour se dédommager du désagrément de rester garçon, il se mit à solliciter quelque bonne sinécure. Or, comme dans le temps où nous avons le bonheur de vivre, les ministres n'ont rien à refuser aux descendans des courtisans de Childebrand, il advint qu'en définitive, les contribuables, bonnes gens de leur nature, payèrent la mauvaise humeur de M. le comte... Mais, tandis que je raconte, Charles et Laurent font du chemin : voyons donc comment se terminera leur voyage.

CHAPITRE VII.

Arrivée. — Aristide. — Le capitaine. — Dernière folie.

Charles, cette fois, ne descendit pas à l'hôtel de France; il était trop impatient de savoir à quoi s'en tenir, et il craignait les phrases de Comard. Laissant donc à Laurent le soin de répondre aux questions de l'honnête pâtissier, il mit pied à terre en entrant dans la ville, et se rendit tout droit chez le commissaire. — Monsieur, lui dit-il, j'espère que vous voudrez bien excuser la liberté que je prends.

— Eh ! Dieu soit loué ! s'écria le papa Rudomont en venant à lui les bras ouverts.... Ah ! mon cher gendre, quelle peur vous nous avez faite !

— Serait-il possible, monsieur !... quoi ! vous consentiriez.... vous seriez disposé....

— Disposé, disposé !... Ah ! il est excellent !... Est-ce que je ne suis pas toujours disposé à faire plaisir à un honnête homme.... qui est aimé de tout le monde.... que l'on recherche.... que l'on fête.... que l'on couche sur les testamens.... Ah çà, mon gendre, vous ne lisez donc pas les Petites-Affiches ?... il y a trois semaines que j'ai envoyé au rédacteur un superbe article dans lequel je promettais récompense honnête à qui m'enverrait de vos nouvelles.

— De grâce, veuillez m'expliquer...

— Rien de plus facile : vous vous rappelez madame Georges, cette jolie veuve, chez laquelle vous aviez une espèce de pied-à-terre?

— Hélas! il est donc vrai qu'elle a cessé de vivre?

— Très-vrai, je vous assure.... Ah! cela vous fait de la peine, je conçois; vous pleurez.... Eh bien, vous avez raison; car cette femme-là vous aimait, et son testament le prouve mieux que tout ce que je pourrais vous dire.

— Quoi ! elle m'aurait légué....

— Vraiment non ; la chère dame ne vous a rien légué : elle avait ses raisons pour cela.... et d'abord les mœurs, mon gendre, les convenances.... les mauvaises langues.... et Dieu sait s'il en manque dans ce pays! Vous sentez bien que tout cela s'opposait à ce que cette dame choisît pour son héritier un jeune homme qui.... un jeune homme que.... Et pourtant elle a si bien arrangé les choses, que vous n'avez qu'un mot à dire pour être son légataire universel.

— Pardon, monsieur; mais je ne vous comprends pas.

— Bon, bon; nous tâcherons de

vous faire comprendre. En attendant, permettez-moi de vous présenter une jeune personne de votre connaissance, que votre départ précipité a bien affligée.... Je sais bien qu'à votre âge on est vif, bouillant, emporté; on s'irrite de la moindre contradiction; mais je connais un remède pour ce mal....

M. Rudomont en était là, et Charles n'avait encore rien compris à ce qu'il avait entendu, lorsque Céline parut.

— Approche, mon enfant, dit le papa : le fugitif est de retour; l'enfant prodigue est rentré sous le toit paternel, et, s'il plait à Dieu, nous ne tarderons pas à tuer le veau gras....

Eh! mon gendre, qu'est devenue cette impétuosité que je vous reprochais tout à l'heure?... on dirait que vous n'osez embrasser votre future! Allons, mes enfans; point de façons : je le permets.

Charles, malgré le trouble qu'il éprouvait, n'était pas homme à se le faire dire deux fois; la tendre Céline fit, bien volontiers, la moitié du chemin ; et, de part et d'autre, on se mit avec tant d'ardeur à profiter de la permission, que le papa, se rappelant fort à propos une phrase ministérielle fort en vogue, déclara que la liberté ne devait pas aller jusqu'à la licence, ce qui peut-être n'est pas très-intelligible, bien qu'on le répète chaque jour ; mais, dans ce siècle des lumières, l'important est d'enfiler des mots, ce qui est un passe-temps tout-à-fait légal : il est seulement fâcheux que les enfileurs se fassent payer si cher.

Notre héros avait donné et reçu plus d'un baiser lorsque le papa fit la sage observation dont nous venons de parler, et, quoiqu'il trouvât que c'était bien peu, il fallut qu'il s'en contentât.

— Maintenant, mon gendre, parlons d'affaires : pour commencer, voici un article du testament de madame Georges, sur lequel il faut que vous me donniez votre avis.

Delmar prit le papier que lui présentait M. Rudomont, et à peine l'eût-il lu que ses yeux se mouillèrent. Céline, qui vit ces larmes, fit une petite moue qui contrastait singulièrement avec le plaisir qui animait son joli visage; mais ce léger nuage disparut bientôt : on était si heureux de se revoir et d'avoir la certitude que l'on ne se quitterait plus!...

Pendant que cela se passait, Comard, averti par Laurent, préparait à son cher compère une réception magnifique : il lui destinait le plus bel appartement de l'hôtel, et aussitôt après son installation, le pâtissier, suivi de tous ses gens en grande tenue, devait défiler devant lui.

Mais cette fois encore le pauvre Comard en fut pour ses frais : le papa Rudomont, craignant que quelque nouvel incident ne se jetât au travers de ses projets, déclara formellement qu'il ne souffrirait pas, au point où en étaient les choses, que son gendre futur logeât ailleurs que chez lui, et cet arrangement était trop du goût de Charles pour qu'il s'y refusât. Ce ne fut donc que le lendemain qu'il fit une visite au bon pâtissier.

— Compère, s'écria celui-ci, j'avais l'intention de vous régaler d'une bonne querelle; mais, toutes réflexions faites, je garde cela pour une autre occasion..... Savez-vous bien que votre filleule est maintenant une maîtresse fille?... Il est vrai qu'elle n'a encore que six dents; mais quand elle les montre à mes macarons!... Çà, mon cher compère, c'est maintenant que l'on peut parler du repas de noces; car, pour cette fois, le diable sera bien malin si....

—Mon cher Comard, je suis fâché que vos talens nous soient inutiles; mais nous avons résolu de faire les choses sans éclat, de dîner en petit comité.

— Tant pis! monsieur Delmar, tant pis! vous avez eu tort de prendre cette résolution, car je vous jure qu'il n'en sera rien.... Croyez-vous donc que l'on vous donne six cent mille francs pour épouser une jolie fille en petit comité?... Vous direz que vous voulez éviter les cancans : beau moyen, ma foi !... *Petit comité*.... il y a dans ces deux mots là de qui faire jaser toute la ville pendant six mois.

Charles, pour éviter un déluge de phrases du même genre, promit de penser à cela, de faire ses réflexions.

— Oui, oui, compère, réfléchissez, pensez, rêvez tant qu'il vous plaira ; mais toujours est-il que vous aurez un repas soigné, un repas dont on parlera, c'est moi qui vous le dis.

Rien ne pouvait faire craindre quelque nouvelle mésaventure ; mais le papa Rudomont, en homme persuadé que le chapitre des événemens est interminable, ne laissait pas de presser les préparatifs; grâce à lui, ils furent bientôt terminés. Enfin le grand jour est arrivé; et comme, bon gré mal gré, il a fallu prendre en considération les observations de Comard, toute la ville est en mouvement pour voir défiler le cortége, composé de douze voitures, dont les chevaux et les cochers, chamarrés de bouquets et de rubans, se pavanent entre deux files d'oisifs qui forment la haie depuis l'hôtel-de-ville jusqu'à l'église. Cette fois, point de malencontreuse épître, point de larmes, point d'évanouissemens; tous les visages respirent la joie, le bonheur. Pourtant Charles ne put se défendre de quelque émotion en reconnaissant dans l'officier civil qui l'unissait à Céline, le même personnage devant lequel il s'était présenté avec madame Georges; l'ecclésiastique qui bénit cette union était aussi le même qui avait baptisé la fille de Comard; tout enfin lui rappelait cette tendre amie qu'il avait tant affligée, et à laquelle il devait le bonheur.

Mais bientôt cette émotion fait place à un autre sentiment : au moment où il sort de l'église, un visage ombragé de deux grosses moustaches frappe ses regards; c'est le capitaine, c'est cet officier à l'adresse duquel il dut la blessure qui lui fit découvrir la retraite de la charmante veuve. Cet homme examine notre héros; il semble vouloir lui parler. Charles, en passant près de lui, lui serre la main : — Capitaine, dit-il, je vous comprends; mais ce ne sera ni aujourd'hui ni demain....

— Ce sera sur-le-champ, interrompit l'officier : nous sommes quittes; je vous demande votre amitié, et je crois le moment favorable pour l'obtenir.

Delmar n'avait jamais ressenti la crainte, et pourtant cette réponse le dégagea d'un poids énorme qui le suffoquait.

— Soyons donc amis, répondit-il, avec une joie qui lui eût été impossible de dissimuler, et soyez des nôtres aujourd'hui.

Cette proposition fut aussi franchement acceptée qu'elle avait été faite, et tout le cortége se dirigea vers l'hôtel de France.

Si j'étais l'historien du bon Comard, je parlerais longuement de l'inévitable banquet qui suivit, et je prouverais clairement que sa composition aurait fait honneur au chef de cuisine d'un ministre des finances ; mais ces détails n'entrent pas dans mon plan, et il faudra bien que les lecteurs gastronomes s'en consolent. Ce que je dois dire, c'est que l'on en était au troisième service, et que les pointes et les quolibets commençaient à circuler, lorsqu'une brillante voiture entra dans la cour de l'hôtel, au grand trot de quatre chevaux de poste : au bruit des coups de fouet multipliés, tous les convives se lèvent, courent aux fenêtres : Céline est au nombre des curieuses, Charles la suit, et à peine a-t-il aperçu le personnage qui vient de mettre pied à terre, qu'il s'écrie : Dieu me pardonne, c'est Aristide!

— Moi-même, répondit l'artiste en perruques, qui, levant la tête, reconnut Delmar et courut à lui.

— Parbleu, Aristide, tu arrives à propos pour assister à mes noces.

— Quoi! c'est toi que l'on marie?.. tu ne veux donc plus faire de folies?

— Non, mon ami, et si c'en est une que d'épouser une femme qu'on adore, ce sera au moins la dernière.

— Plaise à Dieu que ce soit aussi la plus longue! Quant à moi, mon cher, je vais à Paris payer mes dettes; j'espère ensuite acheter certaine terre à ma convenance, et....

— Oh! oh! seigneur Aristide! il me paraît que vous avez tiré bon parti des chignons flamands.

— Tu l'as dit : c'est aux chignons flamands que je dois ma fortune :

après avoir coiffé la ville, la cour et les provinces du royaume des Pays-Bas, je pensais qu'il ne me serait pas impossible de coiffer les Grandes-Indes, et j'expédiai pour Batavia une cargaison des produits de mon industrie : le succès dépassa tellement mes espérances, que je songeai à jouir dignement de la fortune qui m'arrivait ; et, comme si le bonheur voulait désormais me conduire par la main, à peine suis-je rentré en France, que je retrouve l'un de mes bons amis.

Ce nouveau convive, comme on le devine, ne contribua pas peu à égayer le dessert, après lequel vint le bal ; puis, après le bal.... Ici, discrets lecteurs, vous trouverez bon que je tire le rideau, attendu que la raison et le bon sens ont fait, dans ces derniers temps, tant de progrès, que nous faisons sans difficulté, et souvent même par devoir, des choses dont nous ne pouvons parler sans crainte de passer pour gens grossiers, mal élevés, voire même dangereux et punissables... Et puis, après cela, que l'on dise encore que nous sommes un peuple frivole!...

Le lendemain.... vraiment, il n'est pas non plus très-facile de parler honnêtement du lendemain! Sautons donc par-dessus le lendemain du lendemain, et hâtons-nous, crainte de mésaventure, d'arriver au quatrième jour. Ce jour-là, le papa Rudomont, qui, par parenthèse, était l'exécuteur testamentaire, mit nos jeunes époux en possession de leur héritage. Charles et Céline convinrent de n'avoir qu'un pied-à-terre à Paris, et de vivre dans la jolie retraite où étaient déposés les dépouilles mortelles de leur bienfaitrice. Plus de six mois se sont écoulés depuis qu'ils ont commencé l'exécution de ce projet, et Charles, toujours aussi amoureux de sa femme, et sur qui semble veiller l'ombre de sa belle marraine, n'a pas encore fait une sottise! Quant au papa Rudomont, il s'est démis de son emploi, et a déposé l'écharpe blanche; comme par le passé, il voit tout, il sait tout, prend note des moindres événemens, mais sans penser à mal; en un mot, c'est maintenant un commissaire amateur.

POST-FACE.

Lecteurs benins qui, jusqu'au bout, avez suivi mon dire, Dieu vous fasse miséricorde, et vous préserve des griffes du malin qui déjà vous croit siens. Qu'est-ce? direz-vous, et où est la malœuvre?... Vraiment! ne savez-vous que ce n'est ici cantique ou complainte, non plus que légende dorée ou récits de miracles? Pourtant il se pourroit que ce ne fût non plus œuvre diabolique, et j'ai ouï conter qu'aucuns, gens de bien, redoutables à Satan, avoient pris grand'joie à lire, voire même à composer livres de cette sorte, sans que oncques en soit advenu à leur endroit vergogne ni affaire griève.

Pour moi, à vrai dire, ce n'est là mon cas, et si le diable, que je sache, n'a pris la peine de s'occuper de ma personne, force gens payés pour lui faire guerre et grand dommage, ont d'abord contre moi, pétiot et chétif, tourné leur courage et vertu, choses si terribles et de tel poids que, encore que je criasse merci, j'en fus abattu et écrasé. Vinrent alors prison et amendes, et comme icelles ne pouvois compter ès-mains des gens du roi, pour ce commis, nouvelles prison et pénitence m'advinrent justement, étant sans doute grand péché de n'avoir bourse ronde.

Triste et contrit, et non sans peine extrême, étant de là sorti, avec bon et ferme vouloir de rester coi, ne pus ce faire, et de rechef force gens, vendeurs de livres et grands maleficiers, tirèrent argent mignon de chapitres nouveaux et gais récits, par moi baillés moyennant pécule. Or ne vous dirai la finale de ceci, car ne veux vous affliger, et ne manqueroit tel récit de vous tirer force lamentations, tant est piteuse chose.

Sur ce, benoists lecteurs, priez Dieu qu'il n'en soit ainsi pour ce mien nouveau-né, ce que, à vrai dire, je ne crois pas possible, tant bien l'ai prêché et admonesté, et aussi à cause des sentences et moralités qu'avez certainement remarquées en icelui. Écartant, sans pitié aucune, mauvais discours et paroles déshonnêtes que jadis m'avoient soufflés maints suppôts du diable, et qui m'attirèrent si rudes semonces et pénitences, j'ai conté en bons termes gentilles aventures, et ai fait une œuvre à l'usage des bonnes âmes ne pensant à mal, et croyant le rire chose permise et loyale.

Pourtant, race humaine est faillible par nature ; qui plus que moi le sait! C'est pourquoi, s'il se trouvoit ici tableau déshonnête ou mauvais langage, je déclare qu'ils ne doivent être pris pour miens; mais bien attribués au malin. Si, au contraire, lecteurs benins, trouvez là dedans quelques jolies choses, et gracieusetés de bonne fabrique, ne manquez de m'en savoir gré. Aucuns, j'imagine, mal contens de l'œuvre, ne voudront me faire quartier, et tout d'abord diront : A quoi bon tant de mots, et qu'est-ce que cela prouve? — Eh ! bonnes gens, je répondrai, qu'ai-je entrepris de prouver? et qu'ont prouvé avant moi force diseurs de riens, si non que l'esprit est marchandise de bon débit au pays de France, où la raison cherche chalands? Et puis, n'est-il loisible de toucher la plume que pour raisonner, argumenter et mettre en lumière graves et pesans syllogismes? En vérité ce n'est mon avis : rire est aussi chose utile, c'est l'avis de grands docteurs, Mais voici venir une considération d'espèce autre et de poids plus grand : qui n'a vu par le monde forte somme de créatures, bonnes gens du reste, ayant grands yeux et longues oreilles, et pourtant ne voyant et n'entendant que par yeux et oreilles d'autrui? Or, après ce, ne venez dire qu'un livre n'est utile parce qu'il ne contient que des faits naturels et ordinaires ; car si tels écrits sont sans mérite aucun, à quoi bon les peintres et historiens ne jetant sur toile ou papier que choses connues?

Vraiment, voici bien du verbiage! N'espérez, critiques malicieux, me faire plus long-temps raisonner; ce n'est là mon compte, et non plus celui des gais lecteurs, auxquels nouveau plat de mon métier sera tôt servi; c'est à savoir : *Le Séminariste,* dont, à belles dents, Aristarques du temps nouveau pourront déchirer la soutanelle; mais qui, s'il plaît à Dieu, n'en fera pas moins route longue et bonne, enveloppé dans quatre mignons volumes, où, sur ma foi, Satan ne mettra la griffe, s'il ne veut devenir manchot.

FIN DU TROISIÈME ET DERNIER VOLUME.

TABLE.

PAG.

FIN DE LA TABLE DU TROISIÈME ET DERNIER VOLUME.

www.ingramcontent.com/pod-product-compliance
Lightning Source LLC
LaVergne TN
LVHW010600110826
845149LV00003B/710

* 9 7 8 2 0 1 2 1 6 6 9 0 5 *